AF495649

LE

SUFFRAGE

POLITIQUE

OBSERVATIONS

SUR LE PROJET DE LOI ÉLECTORALE ET LE RAPPORT
DE M. BATBIE

Par Henri ROZY

Professeur à la Faculté de droit de Toulouse.

Prix : 1 franc 50 cent.

PARIS

L. LE CHEVALIER, LIBRAIRE, Rue de Richelieu, 61. | ERNEST THORIN, LIBRAIRE, Rue de Médicis, 7.

1874

OBSERVATIONS

SUR

LE PROJET DE LOI ÉLECTORALE

ET

LE RAPPORT DE M. BATBIE

TOULOUSE. — IMPRIMERIE A. CHAUVIN ET FILS, RUE DES SALENQUES, 28.

LE

SUFFRAGE

POLITIQUE

OBSERVATIONS

SUR LE PROJET DE LOI ÉLECTORALE ET LE RAPPORT
DE M. BATBIE

Par Henri ROZY

Professeur à la Faculté de droit de Toulouse.

PARIS

L. LE CHEVALIER, LIBRAIRE,
Rue de Richelieu, 61.

ERNEST THORIN, LIBRAIRE,
Rue de Médicis, 7.

1874

Dans notre pays, les hommes qui cultivent le Droit s'abstiennent généralement de discuter les lois politiques ou leurs projets.

Fâcheuse abstention. Elle donne de la force au préjugé qui veut que les lois de cette nature échappent à la discipline des règles de la justice. Puis, elle laisse leur étude, presque sans partage, à la presse journalière condamnée à réfléchir sommairement, à écrire très-vite, et à représenter, le plus souvent, un intérêt de parti. Dans ces conditions, les discussions des journalistes ont bien peu d'influence sur le législateur, qui n'est pas alors suffisamment averti de ce que l'on pense en dehors de lui.

Notre Assemblée nationale vient d'être saisie d'un projet de loi électorale précédé d'un rapport important dû à la plume d'un jurisconsulte. J'ai cru de mon devoir de les discuter.

Cette discussion doit pouvoir être sérieusement appréciée, si elle le mérite, ou, tout au moins, facilement jugée. Aussi, dans ce but, l'ai-je fait accompagner de la reproduction intégrale du rapport et du projet de loi.

A M. BATBIE

DÉPUTÉ

PRÉSIDENT DE LA COMMISSION DES TRENTE, RAPPORTEUR DU PROJET DE LOI ÉLECTORALE.

MON CHER AMI,

En discutant votre travail de rapporteur de la commission des *Trente*, le débat ne porte pas sur une œuvre qui vous soit exclusivement personnelle. Mais votre autorité de jurisconsulte et de président de la commission a dû engager vos collègues à laisser une grande latitude à la plume du rapporteur. Il est donc vraisemblable que je ne contrarierai pas trop la réalité des faits, en vous combattant quelquefois directement, quand je ne pourrai adopter l'argumentation ou les conclusions du rapport.

Nos relations amicales, et qui me sont précieuses, m'imposaient l'obligation morale de vous demander la permission de croiser le fer avec vous ; et je la remplis, en vous écrivant cette lettre publique.

Permettez-moi maintenant d'espérer qu'il ne vous déplaira pas tout à fait de lire une appréciation de votre œuvre et de celle de vos collègues, revêtue de ce langage du Droit qui vous est si familier, et tout empreinte de nos mœurs juridiques qui supposent constamment, chez l'adversaire, la bonne foi la plus entière. Ai-je besoin de dire qu'ici elles ne me commandent rien que de conforme à mes convictions personnelles ?

Vous avez trop d'esprit, mon cher ami, pour empoisonner vos vacances parlementaires par la lecture assidue de tout ce que la presse périodique publie sur votre rapport ; mais il est probable que vous vous préoccuperiez surtout des appréciations des organes dits conservateurs. Eh bien ! apprenez quelle est l'appréciation raisonnée et scientifique que l'un d'eux fait de votre travail, à Toulouse : « Le flot rouge gagne » du terrain... et l'Assemblée hésite à porter la hache, non » une hache à la Batbie, mais une hache *intelligemment* » *tranchante* sur les branches vénéneuses du suffrage uni- » versel (1). »

Ah ! mon ami, qui s'était jamais douté que vous n'aviez ni *intelligence* ni *tranchant* dans l'esprit ?

Avait-on aussi jamais affirmé, avant cet article, qu'un même tronc d'arbre pût avoir des branches vénéneuses et d'autres qui ne le fussent point ?

Voilà comment vous traitent les conservateurs.

Quant aux autres, combien il en est qui soutiennent que votre œuvre est sacrilége, et que tout doit être repoussé avec horreur dans le projet de la commission !

Moi, sans doute, je crois bien et j'espère démontrer que toutes les conclusions de votre rapport ne sont pas justifiées, et notamment, que le suffrage politique est un *droit in-*

(1) *Messager de Toulouse*, nº du 31 mars 1874. Premier Toulouse : *L'Assemblée en vacances.*

dividuel et non point une *fonction ;* que la résidence de trois ans demandée aux électeurs est beaucoup trop longue; et que l'éligible n'a nullement besoin d'être rattaché au département, surtout par les liens que vous précisez.

Mais, en revanche, m'est avis que le gouvernement de 1848 s'est peut-être bien hâté de reconnaître le droit *universel* du suffrage. J'estime que le mandat impératif viole le bon sens. Enfin, l'âge de vingt-cinq ans me paraît devoir être fixé très-naturellement pour l'exercice du droit d'électeur ; — le droit politique étant d'un ordre plus élevé et demandant plus de réflexion que l'exercice des droits pécuniaires ou de famille. — Nous sommes d'accord sur plus d'un point.

Chez moi, donc, pas de parti pris, pas de passion, si ce n'est celle de la justice.

J'ose le dire, parce que je suis sûr de le prouver.

Peut-être alors, — et c'est à quoi je conclus — aurez-vous le courage de me lire jusqu'au bout, sans subir trop de froissements.

Croyez à mon amitié la plus dévouée,

H. ROZY.

Bagnères-de-Luchon, 10 avril 1874.

OBSERVATIONS

SUR

LE PROJET DE LOI ÉLECTORALE

ET

LE RAPPORT DE M. BATBIE.

Le projet de loi électorale présenté par la commission des Trente ne porte pas seulement sur la mise en œuvre du suffrage universel. En réalité, il tend à supprimer un nombre important d'électeurs. Le rapporteur l'a dit à peu près expressément. Après avoir énuméré les exigences nouvelles de la loi, il s'exprime ainsi : « Tels sont les moyens qui ont paru » à la majorité de la commission propres à *épurer* » le suffrage universel et à rendre ses manifestations » sincères (1). » Or, on n'épure une matière quelconque qu'en en retranchant quelques éléments.

Et alors, avant de supprimer, la logique voulait que le rapporteur se préoccupât, tout d'abord, du point de savoir si cette suppression touchait à un *droit* appartenant naturellement à tout Français, ou

(1) Page 83.

s'il s'agissait seulement de porter atteinte à une *faculté*, à une *fonction* que le législateur fût le maître absolu de concéder ou de refuser à certaines personnes.

Cependant, avant même d'aborder ce problème, des esprits sérieux se sont posé et des orateurs formuleront évidemment à la tribune parlementaire une question *préjudicielle*, à peu près en ces termes : L'Assemblée nationale, nommée par le suffrage universel, tel qu'il a été appliqué en 1848 et 1849, a-t-elle le droit de retrancher quelques-uns des éléments du corps électoral qui l'a constituée?

Impossible de ne pas répondre à cette préoccupation légitime.

I

L'Assemblée actuelle a-t-elle le droit de toucher, dans une mesure quelconque, au suffrage universel qui l'a instituée ?

Mais d'abord, quel est l'intérêt pratique de la question?

S'il était démontré, je suppose, que l'Assemblée n'a pas le droit de restreindre le suffrage universel tel qu'il était organisé au moment de sa nomination, et s'il arrivait que le législateur se l'arrogeât, que conseilleriez-vous? a-t-on le droit de me demander.

Je réponds, sans hésiter, que jamais un adepte du Droit ne songera à encourager un acte de violence et d'insurrection. C'est évident; mais, pour cela, la question ne cesse point de présenter un intérêt sérieux. Est-ce qu'il n'est pas arrivé souvent qu'un pouvoir, même omnipotent, a écouté des remontrances fondées sur la justice? Il faut pourtant reconnaître que les assemblées sont quelquefois un peu moins accessibles que les individus à ces sollicitations. Cependant l'Assemblée nationale actuelle n'a-t-elle point donné deux exemples mémorables des restrictions que la toute-puissance consent à s'imposer? Et il ne s'agissait point seulement de repousser le projet d'une commission, mais de revenir sur une solution arrêtée par l'Assemblée elle-même. Après avoir admis que les maires devaient être nommés partout par les conseils municipaux, le lendemain, sur les protestations de M. Thiers, elle faisait exception pour les villes de vingt mille âmes. N'a-t-elle point consenti aussi à un revirement analogue pour l'impôt sur les matières premières? Et que l'on ne vienne point objecter que, dans ces deux cas, l'Assemblée a obéi surtout aux volontés du pouvoir exécutif. Ce serait lui faire une bien cruelle injure de supposer qu'elle n'a de déférence que pour les vœux d'un pouvoir qui est armé, tandis qu'elle n'aurait nul souci de la puissance de la raison et de la justice. Cette injure serait d'ailleurs tout à fait gratuite. Est-ce que l'Exécutif n'était pas, à ces deux moments-là, tout à fait subordonné au Législatif? Qu'est-ce que le premier pouvait faire craindre au second?

Si donc il était possible de démontrer péremptoirement que l'Assemblée nationale actuelle n'a point le droit de toucher à un seul élément du suffrage universel, et qu'en le faisant elle accomplirait un acte injuste et arbitraire, personne n'a le droit d'affirmer que nulle conscience de député, résolu cependant à voter la loi électorale présentée, ne subirait un trouble au contact de cette démonstration. Un corps délibérant n'est pas une foule déchaînée dont les argumentations rationnelles sont généralement impuissantes à changer les résolutions violentes; et encore même quelquefois le courage individuel en a-t-il triomphé.

Donc la question n'est pas oiseuse.

Les députés étant les mandataires des électeurs, sa formule juridique est la suivante : le mandataire a-t-il le droit de révoquer son mandant, de supprimer la puissance de son mandant? Et posé ainsi, il semble que la solution négative du problème a la valeur d'un axiome indiscutable. Comment le mandataire, qui ne tient son droit que du mandant, pourrait-il se dire supérieur à lui et le destituer?

Examinons cependant de plus près.

Je suppose que, depuis l'élection de l'Assemblée, il y ait eu nécessité de reconnaître l'existence d'un nouveau délit, notamment celui d'affiliation à l'association de l'*Internationale*, et d'infliger comme punition accessoire ou principale, au délinquant, la privation des droits politiques. Les tribunaux frappent, en vertu de la loi nouvelle, un ancien électeur de l'Assemblée. Je me trompe peut-être; mais personne, je le crois, ne soutiendra sérieusement que cette condamnation atteint, contrairement au droit, cet électeur qui aurait dû demeurer investi de sa capacité politique, parce qu'il la possédait au moment de la constitution de l'Assemblée. Le résultat serait le même, bien certainement, si l'on se contentait, dans une loi nouvelle, d'ajouter une exigence particulière, mais peu importante, pour la preuve du domicile de l'électeur, quoique l'application de cette règle pût priver de son droit quelques-uns de ceux qui ont contribué à élire les députés actuels. M'objectera-t-on que, dans ces deux hypothèses, la quantité des électeurs retranchés serait fort peu considérable? Mais ce serait me faire une concession; on abandonnerait le principe, et l'on reconnaîtrait le droit à l'Assemblée de retrancher de la liste quelques électeurs. Ce ne serait donc plus qu'une question de mesure et non plus une question de principe. Rayer peu d'électeurs serait permis à l'Assemblée, en rayer beaucoup lui serait interdit. Mais nous serions alors pleinement dans l'arbitraire.

La vérité scientifique se formule autrement; et voici, dans l'espèce, son expression exacte. « Le mandataire ne peut destituer son mandant » veut dire, sur le terrain politique où nous sommes : l'Assemblée, élue par le suffrage du pays, ne peut pas supprimer le suffrage du pays. En effet, si universel qu'on l'appelle, le suffrage politique actuel souffre déjà pas mal d'exceptions. Mais, au fond, la fonction directrice des affaires du pays, par le moyen des lois, est décernée par des mandants, et par des mandants auxquels on ne demande aucune condition de cens.

Voici donc le double fondement politique de l'organisation de l'Assemblée :

1° Elle a été nommée par des mandants;

2° Ces mandants ne puisaient point leur droit dans le paiement d'un cens.

Tant qu'elle ne détruira ni l'une ni l'autre de ces bases, l'Assemblée restera dans le droit.

Elle, mandataire, n'aura point supprimé son mandant, c'est-à-dire la volonté du pays; elle n'aura point dénaturé la puissance en vertu de laquelle le mandat a été donné.

Elle sortirait du droit, au contraire, si :

Ou bien elle établissait une monarchie, en défendant au suffrage du pays d'en révoquer le gérant;

Ou bien elle décrétait que le cens seul donnerait le droit de suffrage.

Dans le premier cas, elle aurait, elle mandataire, complétement supprimé, annihilé son mandant.

Dans le second, elle aurait transformé la nature, altéré la source du mandat politique qui lui a donné naissance.

Mais les modifications apportées, par le nouveau projet, à la loi électorale en vertu de laquelle l'Assemblée actuelle a été nommée, n'ont pas cette importance capitale. On ne peut donc pas opposer, à ce projet, de fin de non-recevoir invincible. Il a le droit d'être examiné et discuté au fond.

II

L'électorat politique est-il un droit ou une fonction?

Si les membres de la commission et son rapporteur ne se sont pas crus obligés de prévoir la fin de non-recevoir que je viens d'examiner, il se sont préoccupés du problème plus général, de savoir quelle est, en matière de suffrage politique, la puissance du législateur.

Le suffrage est-il un *droit* ou une *fonction,* comme le dit fort nettement le rapport (1)? Question bien posée est, dit-on, à moitié résolue. Nous allons donc pouvoir marcher vite à la solution, car la formule est simple et scientifique.

Et cependant, ces expressions du rapport ont été vivement critiquées par certaines personnes, même des plus intelligentes. Plusieurs, à ma connaissance, trompées par la consonnance des mots, ont cru, de la meilleure foi du monde, que l'on se demandait si l'électeur était, non un homme chargé d'une *fonction* politique indépendante, mais un *fonctionnaire* proprement dit. Or, comme l'expression *fonctionnaire* désigne les agents du pouvoir exécutif, et que ces agents sont en général essentiellement amovibles, on s'est laissé aller à penser que la commission et son rapporteur voulaient, en attribuant au suffrage politique le caractère d'une fonction, faire, des électeurs, des fonctionnaires placés non-seulement sous la main de la loi, mais sous celle de la puissance exécutive.

Il faut l'avouer, ces personnes sont étrangères aux formules usitées ordinairement à l'Ecole et dans le langage doctrinal politique. Sur ce terrain et dans ce milieu, l'on sait, en effet, depuis long-

(1) Page 71.

temps que le mot *fonction*, opposé au mot *droit*, veut dire : pouvoir que l'on ne tient point de sa nature d'homme ou de membre d'une société organisée, et que la puissance sociale a la faculté de vous concéder ou de ne pas vous concéder.

Cette difficulté écartée, on peut donc revenir avec sécurité à la formule du rapport : Le suffrage est-il un droit, est-il une fonction?

C'est une fonction, et non un droit, répond le rapport; et il ajoute :

Si c'était un droit, en effet :

1° Les mineurs ne seraient pas privés de sa jouissance; et s'ils n'en avaient point l'exercice, ce droit serait exercé par leur tuteur, comme les *autres ;*

2° Les femmes majeures ne seraient point écartées du scrutin, lorsqu'elles sont en dehors du mariage et qu'elles ont la libre disposition de *leurs biens ;*

3° A toutes les époques, le législateur a exigé des *conditions* qui fermaient l'élection aux *incapables* et aux *indignes*,

Donc, le législateur a toujours considéré le suffrage politique comme une *fonction* et comme un *devoir* (1).

Rien de plus, pour la discussion d'un pareil problème. Sans doute, un rapport n'est qu'un résumé; mais, tel qu'il est rédigé, c'est à croire que la controverse a été bien écourtée.

Et d'abord, une première observation.

(1) Page 72.

Il s'agissait évidemment ici d'une question de philosophie politique. Faut-il considérer l'électorat comme un droit ou comme une fonction, c'est-à-dire : que *doit* décider le législateur, quels principes *doivent* le gouverner, lorsqu'il est en face de ce problème?

Et pourtant, le rapport ne dit pas un mot de ce qui doit être, et se contente de signaler des résolutions législatives impliquant, dit-il, l'adoption d'une théorie à l'exclusion d'une autre.

Mais si ces résolutions étaient contraires au Droit, qu'est-ce qu'elles prouveraient contre lui?

Pendant bien longtemps, dans des pays civilisés et gouvernés même suivant certains principes rationnels, les législateurs ont soumis le droit de propriété à de très-graves restrictions, qui en altéraient le vrai caractère. Dans les provinces de l'empire romain, la propriété complète n'existait point; le propriétaire ne pouvait pas constituer sur son fonds toute espèce de charges. Sous la féodalité, les terres étaient hiérarchisées, et le vassal n'avait pas le droit de disposition libre de sa chose. Est-ce une raison pour être amené à dire que la propriété n'est pas un droit naturel, individuel, mais que c'est une fonction que le législateur peut concéder aux conditions qu'il lui plaît?

A Rome, pendant la belle période du droit classique, le citoyen le plus sûr de la justice de sa réclamation ne pouvait organiser un procès qu'après y avoir été autorisé par le Préteur. En France, on était obligé, avant 89, dans certains cas, de se pourvoir de lettres de rescision pour organiser sa réclamation devant les tribunaux. Et alors, pourquoi ne point soutenir que la faculté de se faire rendre justice n'est pas un droit naturel ?

Mais je pressens l'objection : Vous oubliez deux mots. Le rapport a dit : *A toutes les époques*, le législateur a exigé des conditions pour l'électorat, tandis que vous n'argumentez, par analogie, que des dispositions de certaines législations. Donc, cette unanimité est concluante en faveur du caractère *fonctionnel* donné à l'électorat.

Qu'importerait cette unanimité? L'addition de toutes les législations ne crée point l'infaillibilité ; et leur réunion, quel que soit leur nombre, ne transformera jamais des *applications* plus ou moins imparfaites du *Droit* en *principes* de *Droit*. Si le contraire était admis, quelle serait la législation que l'on oserait modifier suivant des besoins récents, ou pour mieux se rapprocher d'un idéal supérieur ? Car, enfin, quand on édicte une disposition toute nouvelle, on introduit une règle que les autres législateurs n'avaient point formulée. Quelle témérité ! L'ensemble des lois antérieures n'avait pas compris le Droit de cette façon-là. Il devrait être défendu de l'interpréter autrement qu'elles. Ce serait l'immobilisme érigé en principe.

Voilà où aboutit la doctrine qui ne voit le Droit que dans la législation. Que cette erreur soit commise par des gens du monde, c'est pardonnable ; mais peut-on la concevoir sous la plume d'un professeur de droit qui sait bien de quelle hauteur la science juridique domine ses manifestations législatives ? Mieux que moi, ne connaît-il point cette vérité profonde que le législateur ne crée point le Droit, mais qu'il le constate et l'applique, toutes les fois qu'il fait une œuvre sérieuse ?

Tout ceci n'est d'ailleurs qu'une observation préliminaire.

Ce qu'il faut démontrer maintenant, c'est que les restrictions apportées, soit par tous les législateurs, soit par le législateur français à l'électorat politique, n'impliquent pas du tout la méconnaissance d'un véritable *droit* chez l'électeur.

III

Réfutation des raisons données par le rapport pour soutenir que l'électorat n'est pas un droit, et tirées de la situation des mineurs.

1° C'est vrai : « Les mineurs sont non-seulement » privés de l'exercice personnel du droit électoral, » mais de sa jouissance, de telle façon que ce droit » n'est pas exercé par leur tuteur, *comme les au-* » *tres.* »

Traduisons ce langage juridique, d'ailleurs assez peu correct quoique courant, en langage vulgaire : Le mineur n'est ni *propriétaire* ni *possesseur* de l'électorat.

Qu'est-ce que cela prouve contre le *droit* électoral ?

Le mineur de moins de seize ans ne peut pas faire un testament. En conclurez-vous, vous surtout,

M. Batbie, — vous qui êtes un économiste et qui avez si bien démontré que le testament découle naturellement du droit de propriété (1), — que le droit de tester est une *fonction* que le législateur peut concéder ou refuser à qui il lui plaît? Le mineur mâle de moins de dix-huit ans ne peut pas se marier, quoiqu'il arrive souvent que la faculté procréatrice puisse s'exercer avant cette époque. En conclurez-vous que la faculté de se marier n'est pas un droit naturel, individuel, et que c'est une fonction sociale qui peut être départie arbitrairement?

Même dans notre législation moderne, qui a affranchi les propriétés comme les personnes de toutes les entraves de l'ancien régime, le propriétaire est soumis, dans l'exercice de son droit, à certaines restrictions. Prenons surtout celles du droit administratif; nous sommes là, vous et moi, sur notre terrain commun : l'alignement dans les villes et sur les routes, les servitudes d'utilité publique près des cimetières et des places fortes, celles qu'entraîne la confection des travaux publics, enfin l'expropriation pour cause d'utilité publique, etc., etc. Est-ce que, pour cela, vous contesterez à la propriété son caractère de droit naturel, conséquence forcée de notre activité libre?

Donc, une faculté naturelle, un droit peuvent être restreints dans l'application par le législateur, sans cesser d'être un droit proprement dit. Donc, parce que le mineur n'exerce point l'électorat, ce

(1) Voir *Nouveau cours d'économie politique*, 1er vol., pages 181 et 182.

fait légal est impuissant à fournir la preuve que l'électorat n'est pas un droit.

Ajoutons qu'il est tout à fait rationnel de ne point permettre au mineur de voter. Le droit politique est plus élevé et plus difficile à exercer que le droit civil, qui ne dépasse pas la sphère de la famille ou des intérêts pécuniaires. Si donc l'on ne peut pas se marier, faire un testament, vendre une terre avant un certain âge, à plus forte raison ne peut-on pas participer, même de loin, même indirectement, au gouvernement de son pays. D'ailleurs, quel besoin de chercher à exprimer mieux ou autrement que M. Batbie ce qu'il a si bien exposé? Car, enfin, qu'il s'agisse d'un droit ou d'une fonction, en fait, comme il le dit si justement, « l'électorat est... (*chose*) » difficile. On n'en pourrait pas citer une autre qui » exige plus de tact et de sens, qui réclame à un » plus haut degré de la mesure et de la fermeté (1). »

Ici, nous sommes tout à fait d'accord : j'admets et même j'approuve le retard de l'électorat politique jusqu'à vingt-cinq ans; à plus forte raison je le comprends jusqu'à vingt et un ans.

Voilà pour *l'exercice* du droit électoral refusé au mineur.

Mais pourquoi ne pas lui accorder la *propriété*, la *jouissance* de ce droit? « Son tuteur l'exercerait, » comme il exerce les *autres* (2). » Ce sont les termes mêmes du rapport. « Mais comme les choses ne se » passent point ainsi en matière d'électorat, c'est que

(1) Page 72.
(2) Page 71.

» l'électorat n'est pas un droit. » Ce ne sont plus là les termes mêmes du rapport, mais c'en est la conclusion implicite.

Je lis et relis ces lignes, et vraiment je me demande, avec un étonnement presque douloureux, si c'est un jurisconsulte qui a écrit ces propositions. Est-ce qu'il aurait oublié la distinction banale, tant elle est élémentaire, entre les droits essentiellement personnels, pour lesquels il n'y a point à distinguer entre l'exercice et la jouissance, puisque c'est celui-là seul qui a intérêt à leur réalisation qui peut les accomplir, et les autres, pour lesquels il est facile de concevoir et d'appliquer cette distinction?

La faculté de faire un testament, de régler son patrimoine pour le temps où l'on ne sera plus, est évidemment un droit découlant du droit de propriété : est-ce que le tuteur du mineur de moins de seize ans peut cependant l'exercer? La faculté de se marier est bien un droit naturel : est-ce que le tuteur peut l'exercer pour son mineur? Evidemment, non. Pourquoi? Parce que rien ne peut remplacer ici le jugement personnel, le choix libre que l'on fait de l'héritier ou du conjoint sous l'influence de l'affection, c'est-à-dire du sentiment le plus personnel qu'il y ait au monde. Or, en quoi ce défaut de jouissance chez le mineur et d'exercice du droit du mineur par le tuteur peut-il supprimer le caractère du droit dans la personne de celui qui, devenu majeur, aura la plénitude de sa capacité? C'est un droit qui sommeille, voilà tout. Mais, de grâce, que l'on daigne m'expliquer comment ce sommeil du droit pendant une certaine période, si bien justifié d'ailleurs, pourrait le transformer en une fonction que le législateur aurait la puissance de concéder arbitrairement ?

Et maintenant, est-il essentiel de montrer que le droit de voter politiquement est un droit essentiellement personnel ? Puisque l'on vote ordinairement dans tel ou tel sens, parce que l'on a sur les affaires de son pays et leur direction telle ou telle opinion, qui garantirait que le tuteur, votant pour le mineur, aurait la même opinion que le pupille ? Et si cette conformité de vues ne se rencontrait point, ce serait l'organisation de la tyrannie à l'égard des mineurs, auxquels on imposerait une opinion qui ne serait point la leur.

D'ailleurs, M. Batbie nous vient en aide, encore ici, contre lui-même : « Pour être électeur éclairé, » dit-il, « il faut discerner, parmi les candidats qui » briguent les suffrages, celui dont les opinions et » le caractère offrent le plus de garanties ; se mettre » en garde contre les promesses trompeuses ; démê- » ler des professions de foi sincères de celles qui ne » seront pas tenues, etc., etc. (1). » Comprendrait-on, dès lors, que l'on pût voter pour autrui, en vertu d'une procuration légale ? Les opinions politiques devront toujours avoir, même dans la société la plus perfectionnée, des variétés assez nombreuses. On ne saurait s'en remettre qu'à soi-même du soin de discerner celui des candidats qui vous offre le plus de garanties.

(1) Page 72.

Donc, — car il faut bien en arriver toujours aux conclusions à forme dogmatique, malgré leur sécheresse, — ce fait, que le vote politique n'est point exercé par le tuteur représentant de son pupille, ne prouve qu'une chose : c'est que le droit de vote est un droit essentiellement personnel, et nullement que ce n'est pas un droit proprement dit.

La situation des mineurs est expliquée, quant au droit électoral. Au tour maintenant de celle des femmes.

IV

Même réfutation pour celles tirées de la situation des femmes et de celles des indignes et des incapables.

2° C'est vrai encore, « les femmes majeures sont » privées de l'électorat politique, même lorsqu'elles » sont en dehors du mariage et qu'elles ont la libre » disposition de leurs biens, » comme le dit le rapport de M. Batbie.

Mais quel secours cette constatation de fait apporte-t-elle à sa thèse ?

D'abord, il y a des législateurs qui admettent la femme à voter pour des intérêts publics. Dans l'Etat de Nébraska, aux Etats-Unis, les femmes votent dans les questions d'enseignement public ; et, en Angleterre, l'on voit s'augmenter tous les ans le nombre des membres du Parlement qui adoptent les idées de Stuart Mill sur la capacité politique complète des femmes. Il y a six ans, ils étaient une vingtaine ; ils sont maintenant plus d'une centaine. Or, qui sait si dans ce pays, où le cens se réduit successivement à de petites sommes, et où l'on ne recule pas devant les nouveautés, les femmes ne finiront pas, elles aussi, par arriver à l'électorat? Et alors, quel ne sera pas l'embarras de M. Batbie et de ceux qui partagent son opinion? Ne seront-ils point obligés de changer d'idée et d'admettre que l'électorat politique est devenu un droit, puisque les femmes y participeront? L'argument tiré de la situation actuelle des femmes n'aurait donc qu'une valeur toute temporaire? Or, les principes juridiques sont éternels.

Voyons les choses de plus haut.

Un droit, pour un être, n'est pas la faculté de tout faire, même ce qui est contraire à son organisation. C'est le moyen d'assurer sa sécurité et son développement à l'aide des ressources dont il peut disposer naturellement. Or, l'homme, le mâle, a la tournure d'esprit et les qualités extérieures qui lui permettent d'exercer le droit politique. La femme, au contraire, qui a souvent plus de finesse, plus de sagacité que l'homme, a moins que lui la faculté de généralisation et s'attache moins aux questions publiques. C'est qu'elle est faite pour vivre dans un milieu plus restreint, au sein de la famille dont elle est l'éducatrice permanente. Puis, sa santé, relativement plus faible, ses maladies moins longues mais plus fréquentes que celles de l'homme, sa sainte et douloureuse fonction de l'enfantement, sa pudeur, qui est une grâce élevée à la hauteur d'une vertu, lui interdisent l'abord des réunions électorales, le contact des assemblées bruyantes, les luttes ardentes.

Ce n'est point le législateur qui a décrété l'existence de cette situation de la femme : c'est la nature des choses. La loi n'a donc fait que la constater, en écartant les femmes de l'urne électorale.

Et ce qui prouve qu'il a eu raison, c'est que les femmes même très-intelligentes, même très-actives, sont bien peu nombreuses, qui réclament l'électorat politique. A part quelques exceptions bruyantes et qui parlent bien fort pour faire croire qu'elles sont une foule, la généralité ne demande point d'autre empire que celui qu'elles exercent de loin sur les affaires publiques par l'intermédiaire des hommes, à l'ombre du foyer, dans les demi-teintes de l'intimité.

Donc, le législateur n'a point arbitrairement retranché aux femmes une fonction qui aurait pu arbitrairement leur appartenir. Elles n'ont pas le droit politique, parce que la nature ne l'a point voulu. Donc, ce fait ne prouve rien en faveur du caractère *fonctionnel* de l'électorat politique.

Il n'y a non plus aucun argument à tirer en faveur de cette thèse, de ce que la femme non mariée a *la libre disposition de ses biens*, tandis qu'elle ne jouit point du droit politique. La différence est immense entre un droit purement pécuniaire qui ne s'applique qu'à des valeurs appréciables à prix d'argent et un droit qui peut, par le déplacement d'une voix, influer sur la direction des affaires d'un pays. C'est là encore de la nature des choses.

3° Enfin, il est vrai « qu'à toutes les époques le » législateur a exigé des *conditions* qui fermaient » l'élection aux *incapables* et aux *indignes.* »

Mais notre réponse sera, sur ce troisième point, encore plus concluante que sur les deux premiers.

Connaît-on une législation qui n'ait point exigé de *conditions* pour contracter mariage? La nôtre, notamment, retarde cette union jusqu'après une époque où déjà la puissance prolifique aurait pu se manifester. Qui osera soutenir cependant que la faculté de se marier n'est pas un droit et ne constitue qu'une fonction dont la concession appartient entièrement au législateur?

Il y a, de par la loi, des *incapables* et des *indignes* de voter; mais il y a pareillement des incapables et des indignes de disposer de leurs biens, de faire un testament et de se marier. Toujours le même argument. Cela empêche-t-il les facultés de disposer, de tester, de se marier, de constituer des droits proprement dits?

Il y a là, dans toute cette première partie du rapport de M. Batbie, un vice de raisonnement que tout homme intelligent sentira, mais qui choque et impressionne très-vivement l'adepte des idées juridiques. S'arrêter à la surface la plus extérieure des choses, et au lieu de rechercher, à l'aide de la raison, si une faculté exercée par l'homme est un droit ou bien une simple fonction révocable, et conclure qu'il n'y a pas de droit là où le législateur a admis quelques restrictions à l'exercice du droit, sans en rechercher la cause vraie, ce n'est, je le dis avec regret, ni le fait d'un jurisconsulte, ni celui d'un préparateur de lois.

Je résume. Le rapport n'a rien formulé de solide pour démontrer que l'électorat politique n'est pas un droit. Donc, pourrait-on dire, jusqu'à meilleure argumentation, et puisque, en fait, la loi électorale actuelle le considère comme un droit et non pas comme une fonction, tenons que c'est un droit.

Mais ce serait tomber un peu dans le reproche que j'adresse au rapport de conclure du fait législatif au droit, et je m'en garde. Aussi, bien que j'estime tout à fait nulle la démonstration de la thèse de l'*électorat-fonction*, je me sens dans l'obligation de prouver la thèse de l'*électorat-droit*.

V

L'électorat politique est un droit.

Si l'on en croyait le rapport de M. Batbie, le suffrage universel ne pourrait présenter aucune justification rationnelle; et il semble que jamais même ses adhérents n'auraient songé à lui en chercher une. « Ce sont les partis qui ont réclamé le vote comme » un droit individuel qu'on ne pouvait refuser à per- » sonne; et par des concessions successives, on est » arrivé à une véritable universalité (1). » « Chacun, » suivant *son intérêt politique du moment*, contribue

(1) Page 72.

» à l'augmentation du nombre des électeurs, se
» préoccupant plus de vaincre dans l'opposition que
» de bien gouverner une fois au pouvoir (1). »

Cependant l'auteur du rapport reconnaît que, dans presque tous les pays, le législateur, glissant sur la même pente, a fini par réduire le cens à de petites sommes (2). Il y a donc un courant qui mène à l'universalité du suffrage politique pour les hommes; car quelle raison donner pour s'arrêter sur la pente de la réduction du cens? Le raisonnement de proche en proche a des conséquences inexorables.

Un pareil mouvement n'aurait-il donc aucune explication sérieuse et serait-il de cette importance s'il n'était soutenu par aucune idée et s'il n'avait d'autre support que l'intérêt des partis? Le monde, même politique, ne serait-il gouverné que par des caprices intéressés? Aux matérialistes seuls de le croire, et encore!

Non, le suffrage universel a été admis, ou est sur le point de se généraliser, parce que nous avons de plus en plus une conception juste du rôle de chaque être humain dans la société. Personne n'osant plus justifier, dans un pays civilisé, l'esclavage, le servage ou leurs transformations, en un mot, l'asservissement de certains hommes à l'égard de certains autres, l'on est arrivé à considérer une nation comme un grand atelier, où chacun est ouvrier à un degré quelconque, et doit obtenir une égale reconnaissance

(1) Page 72.
(2) *Ibid.*

et un égal respect de son droit. L'un apporte son travail manuel, l'autre sa force intellectuelle, un troisième un capital acquis, celui-ci une invention, l'autre une puissance de conception bien plus modeste. Et comme une analyse sérieuse des phénomènes sociaux nous a montré que la société est un tissu d'échange de services, et que l'échange suppose le libre débat entre les contractants et l'égalité entre eux, nous avons reconnu l'égalité civile la plus complète. Mais, une fois conquise, elle pourrait être compromise si tous les hommes n'avaient pas le droit de participer, dans une certaine mesure, au gouvernement du pays, en donnant, en certaines occasions au moins, leur opinion sur la direction de ses affaires générales. Pour que l'intérêt de caste ou de classe ne se reconstitue point, il faut que le plus grand nombre d'hommes, tout le monde puisse manifester sa pensée sur la chose publique. Le droit naturel à l'égalité civile amène donc logiquement à l'égalité politique, dont le suffrage est la manifestation la plus naturelle.

D'autre part, tout le monde paie un impôt, une part d'impôt, et contribue donc aux dépenses sociales. Chacun mettant une valeur, si minime qu'elle soit dans les ressources du fonds social, a le droit naturel de surveiller un peu l'emploi des valeurs qu'il a contribué à former. Et quand je parle d'impôts, je veux parler, bien entendu, de l'impôt de consommation comme de l'impôt direct. L'on sait, en effet, que, dans tout pays, les impôts de consommation présentent un chiffre bien plus considérable que les impôts *directs*. Que l'on ne rappelle donc point cette distinction inintelligente, et que cependant le rapport de M. Batbie s'est appropriée dans sa forme si peu scientifique, de « ceux qui *possè-* » *dent* et de ceux qui ne *possèdent pas* (1). » Celui qui ne possède point de richesses tangibles et des capitaux est toujours, au moins, possesseur de ses bras et de sa force intellectuelle, qui peuvent engendrer des capitaux. D'autre part, forcément consommateur, il paie ses impôts de consommation; donc il apporte quelque chose dans le fonds social. On ne peut le rejeter en dehors de la société politique.

Il est pauvre, faible, humble. Qu'importe, il se pourrait que par telle mesure politique, par une loi nouvelle d'impôts, une déclaration de guerre, sa faiblesse, sa pauvreté, son humilité devinssent encore plus intenses. Il a le droit de dire son mot, d'apporter sa protestation contre ce qui aggraverait sa situation.

Et maintenant, comme il n'est pas possible, *matériellement*, que la loi soit discutée dans un grand pays, au milieu d'assemblées comprenant la nation entière, il faut bien admettre que les hommes se feront représenter par des mandataires. Les assemblées politiques ne sont donc pas autre chose que la nation condensée, en raccourci, surtout quand l'on aura trouvé le moyen, qui n'a rien d'irréalisable, de faire représenter les minorités.

Voilà le droit de suffrage pleinement *justifié*, dans le vrai sens du mot, établi comme *juste*.

(1) Page 79.

Quant à son utilité pratique, — l'utile ne devant jamais venir qu'après le juste, même dans une loi politique, — pour la mesurer, il suffit de penser à ceci :

Qu'est-ce qui donne de la force à un contrat et comment se fait-il que les tribunaux aient tant de puissance morale pour condamner à son exécution stricte et rigoureuse? C'est que l'on rappelle à celui qui voudrait se délier de son engagement, qu'il est déraisonnable et injuste de vouloir se soustraire à la loi particulière qu'il s'est imposée lui-même. Et quand la loi générale a été dictée par le suffrage universel, portée par des représentants de la nation, elle a la force d'un contrat. Surtout quand les minorités seront bien représentées, on a le droit de dire à tout citoyen : « La loi est votre œuvre propre; inclinez-vous devant elle. »

Ah! sans doute, l'on pourrait concevoir une autre constitution du pouvoir souverain du législateur, se faire gouverner, se laisser commander par les *meilleurs* de la nation, les plus intelligents, les plus dévoués, les plus moraux, les plus désintéressés. Mais qui les désignerait? Où est le moyen de les découvrir d'une façon tout à fait infaillible?

Puis, supposez même que vous soyez arrivé à les déterminer exactement; il est certain qu'il y aura toujours quelques résistances contre les décisions législatives ou autres de ce gouvernement des meilleurs. On les fera taire par la force; c'est évident. Mais jamais la loi n'aura, dans ces conditions, la puissance morale que seule peut lui communiquer l'application du suffrage universel.

Telle est la véritable démonstration de la justice et des avantages pratiques du suffrage universel ; et je puis conclure :

C'est un droit, et sa nécessité s'impose de plus en plus dans les sociétés modernes.

Que l'on prenne au moins la peine de réfuter ce raisonnement, avant d'affirmer, avec une fierté dogmatique, que le suffrage n'est qu'une fonction que le législateur peut confier à qui bon lui semble.

Mais, en attendant, retenons de cette démonstration la conséquence pratique qui s'en déduit. C'est que l'électorat étant un droit, on doit être favorable à son exercice ; et que, dans le doute sur l'existence des conditions, par exemple, de domicile, qui peuvent être exigées de l'électeur, il faut encourager l'application du droit, et, par conséquent, en permettre facilement la preuve.

VI

Quels sont les défauts reprochés au suffrage universel ?

Mais, enfin, que l'électorat soit un droit ou une fonction, la question ne se pose pas en France, au moment actuel, avec un caractère purement théorique. Le suffrage universel existe depuis 1848 : il est en possession. Pour le déloger ou lui infliger même un déménagement partiel, on est tenu de prouver contre lui. Qu'a-t-on prouvé ou constaté dans le rapport de M. Batbie ?

1° « Le changement opéré dans l'électorat après » la révolution de février a été *brusque*, et l'on a » remplacé le cens de 200 fr. par le vote direct de » tous les Français âgés de vingt et un ans accom- » plis (1). »

Rien n'est plus exact. Mais à qui la faute? Si ce n'est à la résistance déraisonnable d'un gouvernement qui prétendait cependant suivre les idées des doctrinaires dont le dogme, on le sait, est le gouvernement de la *raison*, et qui se refusait pourtant à introduire dans le corps électoral les *capacités*, même les docteurs en médecine et les docteurs en droit. Alors, tout naturellement, par réaction, l'on est allé jusqu'à la dernière limite de l'extension du suffrage. Voilà où ont abouti les conservateurs à outrance de 1848.

Je l'avoue, il eût mieux valu procéder comme en Angleterre, où les classes dirigeantes ont le sentiment des nécessités modernes, qui veulent que la législation politique soit de plus en plus conforme au Droit, et où le cens s'abaisse à chaque période parlementaire. L'électeur se serait instruit de plus en plus, et le droit de vote aurait été surtout d'autant mieux apprécié, qu'il aurait été conquis plus lentement. Mais, je le répète, à qui la faute? Ce n'est certes pas aux républicains.

D'ailleurs, à quoi servent maintenant ces récriminations rétrospectives; et sont-elles bien sérieuses? On fait à l'institution du suffrage universel un reproche de sa jeunesse; mais, enfin, il a déjà vingt-

(1) Page 73.

cinq ans, l'âge de la pleine majorité. Et si on le trouve encore un peu jeune, est-ce le moyen de lui donner de la maturité que de l'arrêter dans son développement en lui retranchant de nombreux éléments ?

Enfin, quelle étrange contradiction chez les monarchistes ! Ils estiment que le suffrage universel est trop jeune, que c'est un mineur sans raison ; et ils ont toujours écrit, ils écrivent comme une sorte d'axiome, dans toutes leurs constitutions, que leurs princes doivent être majeurs avant tous les autres hommes.

Louis XIV fut déclaré majeur à treize ans, et annonça de sa propre bouche au Parlement que, suivant les lois de son Etat, il en voulait prendre lui-même le gouvernement ; le comte de Chambord à douze ans. Un enfant de treize ans a pu faire trembler tout un pays, le gouverner sans contrôle, sans aucune Chambre législative; et une nation, qui vote depuis vingt-cinq ans, ne pourrait pas seulement nommer des représentants chargés de faire des lois discutées publiquement, à la face du pays ! Qu'ajouter à de pareils rapprochements ?

2° « Le suffrage universel a des défauts qui ont » trop souvent fait *dévier* la marche des affaires (1). »

M. Batbie aime cette expression de *déviation;* on la retrouve dans une autre partie de son rapport (2). Mais que veut-elle dire ? Quelles sont les affaires

(1) Page 74.
(2) Page 75.

dont la marche a dévié? Les affaires politiques? Les affaires économiques? Où devaient-elles aller, rationnellement, logiquement? Et quelle est la nature et l'importance de l'*écart* que leur a imprimé le suffrage universel? Autant de problèmes que la plume de M. Bâtbie n'a point éclairés. Peut-on discuter en face d'un langage aussi énigmatique?

Nous en convenons cependant, le suffrage universel a commis un jour une grande, une immense faute : il a ratifié une violation du Droit, brutale, presque sanglante, commise contre une assemblée qui était la représentation légale du pays. Mais à qui en remonte au fond la responsabilité? A ceux qui avaient retranché arbitrairement un grand nombre d'électeurs, ce qui a permis à un ambitieux, soutenu par la légende napoléonienne, de conquérir une certaine popularité, en reconstituant l'intégrité du suffrage universel. Leçon éclatante et qu'il faudrait être insensé pour oublier dans notre pays, toutes les fois que l'on touche au suffrage universel par des moyens détournés et sans s'inspirer des principes de justice absolue.

La mutilation de l'institution ouvrira toujours la voie à un ambitieux sans scrupules; et il réussira, car il inscrira sur son drapeau la formule véritable du droit : égalité politique pour tous les membres d'une même société, — sauf, bien entendu, à en escamoter l'application.

Le rapport de M. Batbie n'a point oublié ce fait; mais il en conteste la portée. « Le rétablissement du » suffrage universel, » dit-il, « n'a pas contribué au

» coup d'Etat de 1851 ; » et il en donne cette double raison : La première, « que ce ne sont pas les cares-
» ses aux partis extrêmes qui font le succès de ces
» entreprises; — la seconde, — que ceux qui s'armè-
» rent et moururent pour la défense de la constitu-
» tion détestaient la loi du 31 mai, qu'abrogeaient
» les proclamations du 2 décembre (1). »

Ni l'une ni l'autre ne tiennent devant un fait connu de tout le monde. Pourquoi le représentant Baudin mourait-il presque seul sur la barricade du faubourg Saint-Antoine, dans la matinée du 3 décembre, et son collègue Gaston Dussoubs, le lendemain, dans les mêmes conditions ? C'est que la foule, dans laquelle on trouve le plus souvent les représentants « des partis extrêmes, » ne voulut pas seconder leurs efforts. Les ouvriers demeuraient froids et indifférents. « Est-ce que vous croyez que nous vou-
» lons nous faire tuer pour vous conserver vos
» 25 fr. par jour ? » disait l'un d'eux auquel Baudin faisait appel; ce qui attira la réplique de ce courageux représentant : « Voilà comment on meurt pour
» 25 fr. » La haine de l'Assemblée qui avait voté la loi du 31 mai et dont Baudin faisait partie, quelles que fussent ses opinions personnelles, le rétablissement du suffrage universel qui se produisait en même temps que la dispersion de l'Assemblée : tout cela décourageait la résistance au coup d'Etat, par conséquent lui venait en aide.

Et maintenant, faut-il s'étonner que les députés

(1) Page 88.

qui détestaient la loi du 31 mai n'aient point voulu approuver les proclamations du 2 décembre, qui cependant supprimaient cette loi? Non. Ceux qui eurent le courage de mourir ne pouvaient vouloir d'un bienfait qui leur arrivait par des moyens tels que la dispersion de l'Assemblée issue du suffrage universel. En agissant ainsi, ils accomplissaient non un acte de passion politique, mais un véritable acte de *dévouement*. L'expression est de M. Granier de Cassagnac, cependant un de leurs adversaires les plus ardents (1).

Il est donc bien vrai que la foule, le suffrage universel ne se sont pas armés pour le droit contre l'illégalité violente du 2 décembre. C'est une de ses erreurs.

Mais, à part cette faute de la ratification du coup d'Etat, le suffrage universel en a-t-il commis beaucoup d'autres, je veux dire de fautes générales, paraissant inhérentes à son fonctionnement (2)?

On aurait pu craindre que la puissance de la foule ne voulût se faire représenter uniquement par des unités inconnues, sans force intellectuelle ou morale, par des fractions sans valeur de ce nombre, dont il est à la mode, depuis quelques mois, de dire tant de mal. Cependant, si aveugle qu'on veuille le supposer, le suffrage universel, — à part quelques

(1) Voir *Histoire de la chute de Louis-Philippe*, par M. Granier de Cassagnac, 2e volume, page 426 : « Que pouvaient faire les *dévouements isolés et rares* de quelques députés montagnards comme Baudin (de l'Ain) et comme Gaston Dussoubs (de la Vienne).

(2) Je dis *générales* avec intention, car il est bien certain qu'il en a commis de déplorables, dans quelques cas particuliers. L'élection de M. Barodet contre M. de Rémusat est une des plus fâcheuses.

nominations de deux ou trois sergents obscurs, en 1848, et de deux ou trois ouvriers, dont l'un, M. Corbon, a mérité d'être nommé par la majorité de l'Assemblée vice-président, — a toujours fait ses choix parmi les hommes qui représentent les deux forces sans lesquelles on ne saurait rien faire de durable : l'intelligence et le capital. L'envie, la jalousie, ces vices si répandus, n'ont point fait rejeter le concours de ces éléments dans la représentation de la nation.

3° Il faut tempérer la puissance du nombre *jusqu'à présent sans contrepoids*, en y ajoutant la représentation des *intérêts* (1).

Ici, deux inexactitudes graves : l'une au point de vue du fait, l'autre au point de vue de l'application des principes de justice.

Inexactitude de fait. — Il est essentiellement faux de prétendre que le *nombre* ait été jusqu'à présent sans *contrepoids*. Je n'entends parler, bien entendu, que des influences légitimes. Mais est-ce que jamais un électeur ne demande conseil à un autre qu'il suppose lui être supérieur et plus éclairé? On dirait vraiment qu'une nation n'est qu'une agrégation de grains de sable. Et que fait-on des groupements naturels de la famille, de l'atelier, de l'exploitation agricole, des associations de toute nature? Est-ce qu'il n'y a pas entre leurs membres des pénétrations réciproques qui profitent généralement à la direction, sans pression et sans tyrannie, que mérite et obtient la force morale de l'intelligence et des situations

(1) Page 73.

légitimement acquises? Quel est l'homme ayant participé, même dans une mesure modeste, aux bienfaits de l'instruction, qui n'est pas le centre d'un petit rayonnement sur ses semblables?

Inexactitude dans l'application des principes de justice. — On demande la *représentation des intérêts* comme contrepoids au nombre; qu'est-ce à dire? Les intérêts ne sont pas des personnalités; ils ne sauraient voter; mais ils sont rattachés à des personnes qui, elles, votent et voteraient, à ce qu'il paraît, avec d'autant plus de puissance et de résultats qu'elles auraient une plus grande somme d'intérêts à défendre. Voilà évidemment ce que l'on demande.

Quelle amère contradiction d'abord! On médit du *nombre* des personnes, l'on ne voudrait point qu'il dirigeât les affaires; et l'on accorde toute confiance au *nombre* des valeurs, des intérêts. Et puis, quel matérialisme grossier! Mais surtout quelle injustice! Est-ce que la richesse, la fortune, les intérêts ne sont point des valeurs essentiellement relatives, quand il ne s'agit point d'en faire une simple statistique? Est-ce que le salaire d'un simple ouvrier, qui se chiffre annuellement par 1000 fr., n'a point en ses mains, et dans son intérêt, une valeur relative aussi considérable qu'un capital important entre les mains d'un rentier? Est-ce que la sécurité pour l'avoir du premier n'a pas autant d'importance relative que la sécurité pour l'avoir du second? Donc il faut que le premier ait absolument comme le second une arme de la même puissance, un *veto* égal, une voix de la même force, pour peser dans la balance de la direction des affaires publiques.

L'intérêt qui se mesure par 100 fr., et qui appartient à un homme pauvre, est garanti devant nos tribunaux par les mêmes formes, le même appareil d'investigations destinées à découvrir la vérité contestée qu'un intérêt de 1000 fr. appartenant à un homme plus riche. Cela paraît naturel et raisonnable à la majorité des Français. Il est peu de personnes qui oseraient soutenir que l'intérêt de 100 fr., comparé à celui de 1000 fr., n'a droit qu'à une justice dix fois moins bien rendue, dix fois moins intelligente que l'intérêt dix fois supérieur; mais en politique, d'où l'on pense que les principes d'équité peuvent être bannis, on ne croit pas que ce serait commettre la même iniquité que de donner aux hommes une puissance et des garanties croissant avec leur fortune et diminuant avec elle !

Est-ce qu'il y a donc deux morales ?

Il n'y en a qu'une heureusement; et elle s'est vengée d'une façon éclatante d'avoir été méconnue et oubliée dans toutes les combinaisons essayées pour faire représenter les *intérêts* par les membres de la commission des *Trente*. Aucune n'a pu réussir; et M. Batbie enregistre froidement le résultat, sans en rechercher la cause. « On ne s'est pas entendu sur les moyens de remédier au mal (1), » écrit-il tout simplement : mais la raison en est bien facile à trouver. C'est que pour tous les systèmes présentés, — et ils étaient au nombre de dix, — on ne s'est jamais posé qu'une question : « Quels résultats atteindrions-

(1) Page 73.

» nous (1)? Les effets en sont-ils sûrs (2)? Pouvons-» nous en mesurer les conséquences (3)? » Une seule fois, le rapport repousse une opinion, parce qu'elle n'est pas *juste* (4); et cette exception fait encore mieux ressortir l'abandon dans lequel a été laissée l'idée de justice, dans toute cette préparation de la loi politique la plus importante.

Inutile donc de demander pourquoi tous ces efforts n'ont pas abouti. Un législateur qui fait une loi économique, peut se préoccuper, avant tout, de l'utile; mais en dehors de ce terrain, le législateur qui ne songe qu'à l'utile, et oublie la justice, le fondement du droit, doit voir son œuvre paralysée. Et ici la punition a été complète.

Inutile aussi de demander pourquoi la lecture de ce document important paraît froide et triste, malgré le talent bien connu de son écrivain. Le souffle de l'équité ne le pénètre point suffisamment.

VII

Discussion des modifications introduites dans la loi électorale, relativement à l'électorat.

Ces modifications sont au nombre de sept, et elles ont toutes pour but, aux termes du rapport, « d'épu-

(1) Page 75.
(2) Page 74.
(3) Page 76.
(4) Page 81. Discussion de la proposition de M. Pradié exigeant la résidence de trois ans, même pour les électeurs nés dans la commune.

» rer le suffrage universel et de rendre ses manifes-
» tations sincères (1). » Les voici :

1° L'âge de l'électorat porté à vingt-cinq ans (art. 1er) ;

2° L'exigence de la résidence habituelle de trois ans pour acquérir le domicile électoral (art. 4) ;

3° La restriction des moyens de preuve de la résidence dans les villes de deux mille habitants et au-dessus (art. 6) ;

4° L'avantage donné à l'inscription au rôle de la contribution personnelle sur les autres modes de preuve (art. 5) ;

5° L'extension des cas d'indignité (art. 9 et 10) ;

6° La constitution d'un registre électoral (art. 2 et 3) ;

7° Le vote au scrutin individuel par arrondissement (art. 40).

§ 1er.

Age de vingt-cinq ans.

En faveur du maintien de l'âge de vingt et un ans, l'on pourra faire quelques phrases sentimentales ou passionnées, peut-être même essayer de pleurer sur la perte des espérances de vote politique qu'avaient conçues les jeunes gens qui ont maintenant vingt-deux ou vingt-trois ans. Mais d'argumentation sérieuse, l'on n'en trouvera point.

(1) Page 83.

La majorité civile à vingt et un ans est déjà très-hâtive ; plusieurs peuples de l'Europe l'ont placée à vingt-cinq ans. Dans notre pays même, la liberté complète du mariage n'existe qu'à cet âge-là. Puis, les jeunes militaires étant retenus sous les drapeaux jusqu'à vingt-cinq ans, et étant privés du droit de voter sous les armes, on ne pouvait point donner à la jeunesse qui demeure dans ses foyers et qui ne paie pas à la patrie la plus lourde dette, le droit de voter, qui fût devenu alors un privilége en faveur des moins méritants. Le rapport le dit en termes excellents : « Il y aurait eu, si l'on avait » maintenu l'âge de vingt et un ans, inégalité entre » les militaires et les non militaires; et cette inéga- » lité aurait été défavorable aux serviteurs les plus » dévoués de l'Etat (1). »

En fait, d'ailleurs, les jeunes hommes de vingt et un ans, même intelligents, même assez instruits, qui avaient réfléchi sérieusement aux problèmes politiques, étaient peu nombreux. Il y a quelques chances, au contraire, pour que, leur première majorité civile de vingt et un ans les avertissant qu'ils en atteindront une autre dans quatre ans, ils commencent, dès ce moment-là, à prendre quelque souci des questions qu'ils auront à résoudre plus tard. A vingt et un ans, la première éducation par les cours, par les leçons, est terminée; de vingt et un à vingt-cinq ans, l'on aura plus de loisirs pour conquérir l'éducation politique.

(1) Voir page 79.

Il y avait ensuite, au fond, un inconvénient à donner en même temps la pleine capacité politique et la pleine capacité civile. Les esprits superficiels étaient amenés à les confondre. Et, comme la capacité civile est celle que l'on exerce le plus souvent et qu'elle touche surtout, en général, à des intérêts purement pécuniaires, on pouvait croire que la capacité politique n'était pas d'un ordre plus élevé que la capacité civile. La distinction, bien faite maintenant, au moyen d'un procédé tangible, — la différence dans les échéances des deux capacités, — il sera facile de comprendre que l'acte qui vous permet d'influer sur les destinées générales de votre pays est d'une importance plus élevée que la vente ou l'achat d'une maison.

L'opinion publique même était déjà un peu préparée à cette modification. Plusieurs membres des Conseils généraux, des esprits libéraux, avaient émis le vœu que, même pour les élections municipales, l'âge de l'électorat fût porté à vingt-cinq ans (1).

Enfin, quel que soit le désir dont l'on se sente atteint de soutenir que cette modification a été faite dans l'intérêt d'une opinion politique et contre l'opinion républicaine, on peut mettre au défi de faire sur ce point une statistique ayant l'ombre d'un fondement. L'on connaît, sans doute, la vieille formule, d'après laquelle on est toujours républicain à

(1) On peut citer, notamment, le rapport de M. Féral au Conseil général de la Haute-Garonne, en 1872, sur l'organisation municipale. — Séance du 7 avril 1872 (page 29 des procès-verbaux de la session du mois d'avril 1872).

vingt ans; mais l'on sait aussi qu'elle permet de l'être jusqu'à trente. On aurait donc pris contre la république une précaution assez inutile en s'arrêtant à vingt-cinq ans. Mais que valent ces formules banales? La vérité est que, le plus souvent, l'on a, à vingt et un ans, l'opinion de ses parents, de ses proches, et que la France est encore fort divisée. En supprimant donc les électeurs de vingt et un à vingt-cinq ans, on a toutes chances de retrancher un nombre d'électeurs proportionnel à la force respective des partis dans notre pays.

Mais tout cela n'est que secondaire. L'on veut rendre « les manifestations du suffrage universel » *plus sincères.* » Or, la sincérité suppose la réflexion personnelle. Le vote de l'électeur de vingt-cinq ans sera très-probablement plus réfléchi que celui de vingt et un ans. Tel est le résultat sérieux à constater et à approuver.

§ 2.

Résidence habituelle de trois ans pour acquérir le domicile électoral.

Voilà une exigence exorbitante, fort rigoureuse : il ne faut cependant rien exagérer. Sa rigueur sera facile à supporter par la majorité des électeurs. En effet, le projet de loi admet que, pour ceux qui sont nés dans une commune, il leur suffira d'une résidence de six mois pour obtenir le domicile électoral.

Or, en général, la majorité des habitants d'une commune est formée de ceux qui y sont nés.

N'importe, cette disposition de loi est impossible à justifier rationnellement; car elle vise un résultat que le rapporteur va nous indiquer, mais qui ne sera pas obtenu. Tantôt le but ne sera pas atteint, tantôt il sera dépassé. « La condition du domicile, » dit-il, « *épurera* le suffrage, en rejetant la popula-
» tion *nomade*, qui n'a de domicile nulle part et ne
» mérite aucune confiance, parce qu'elle ne tient à
» rien ; population que, *dans les villes*, la police sur-
» veille avec inquiétude, car c'est elle qui fournit tous
» les rebelles qui vivent en guerre avec la société ;
» population, qui n'ayant pour tout bien qu'une vie
» *incertaine* et au jour le jour, n'ayant rien à per-
» dre et croyant avoir tout à gagner dans les boule-
» versements, se met toujours et sans hésiter au ser-
» vice des mauvais instincts (1). »

Vous voulez repousser le nomade et l'empêcher de voter. Pourquoi donc permettez-vous au citoyen, né dans une commune, d'y voter toujours, sans exception, pourvu qu'il y ait, à un moment donné, six mois de domicile? Il peut avoir cependant couru de ville en ville pendant trente ans. Qui nous garantit que, parce qu'il revient au lieu de sa naissance, il ne fait plus partie de cette population, qui « n'a pour tout bien qu'une vie incertaine et au jour » le jour? » Vous restez donc en deçà du but.

D'autre part, vous visez surtout la population des

(1) Page 80.

villes : « celle que la police surveille avec inquié- » tude. » Mais prenez garde : vous atteignez aussi l'élément rural, dans la personne de ces maîtres-valets et métayers dont l'on rencontre les petits mobiliers transportés sur toutes les routes, aux premiers jours de novembre. Ne sont-ils pas nombreux, ceux qui changent de maîtres tous les ans, et qui pourtant vivent rarement dans la commune où ils sont nés ? Ce ne sont pas eux cependant que vous aviez en vue, et vous les frappez. Vous dépasserez donc le but, dans ce cas particulier ; vous le dépassez aussi dans une foule d'autres. Que d'exemples l'on pourrait citer de personnes qui ont été obligées de changer de résidence quelquefois tous les deux ans, et qui sont les plus honnêtes personnes du monde ! des employés du chemin de fer, par exemple ? Evidemment vous ne les comprenez pas dans l'expression de *fonctionnaires*, auxquels l'article 4 ne demande plus qu'une résidence même très-courte. Donc vous les excluez. Ce n'est rien. Vous les insultez de plus ; car n'ayant voulu exclure que les *nomades*, si durement qualifiés dans le rapport, vous les assimilez à eux.

Il y a donc là une double inadvertance.

L'on doit forcément en rencontrer dans toutes les œuvres qui, même accomplies avec bonne foi par leurs auteurs, veulent atteindre un but que l'on ne tient pas à formuler nettement. Il valait mieux alors rétablir le cens, dont M. Batbie dit, dans une autre partie de son rapport : « qu'il est une garantie pour » l'élection, parce que, sur un grand nombre de per- » sonnes, il ne se produit jamais qu'un petit nombre

» de déviations (1). » C'eût été plus franc. Mais vouloir obtenir le résultat que l'on attend du cens par d'autres moyens, c'est s'exposer à commettre des maladresses en même temps que des injustices.

On le voit, il n'y a point concordance entre la théorie du Rapport, qui contient l'explication de l'exigence de domicile, et le résultat de la loi. Cette exigence n'est donc nullement justifiée. Est-ce à dire, cependant, qu'il soit inutile de demander une condition de domicile à l'électeur ?

Non. D'abord, il faut éviter que, surtout maintenant, à l'aide de la facilité des communications, on ne puisse aller voter le même jour dans plusieurs collèges électoraux. Il est bon aussi d'avoir un certain délai moral pour rechercher si le citoyen n'a pas encouru quelques déchéances dans un autre lieu. Pour cela, il n'est qu'un moyen : rattacher l'électeur à un domicile déterminé, afin de bien constater son identité.

Evidemment, il serait puéril de prétendre que quelques jours suffisent pour constituer ce domicile. D'autre part, quand il s'agit d'élections municipales, l'on comprend que l'on demande un séjour assez prolongé, pour que l'électeur ait pris connaissance de l'esprit de ses concitoyens, des besoins moraux et matériels de l'agglomération dont il fait partie, et qu'il ait eu le temps d'apprécier les administrateurs de la commune, pour savoir s'ils méritent ou non d'être renommés. Tout autant de petites

(1) Page 75.

questions que l'on ne peut étudier que sur les lieux, puisqu'elles sont purement locales.

Il n'en est pas de même quand il s'agit d'apprécier la valeur d'un député. Sa vie étant plus haute se voit de plus loin. Quant aux questions politiques que soulève une élection de député, elles ont un caractère de généralité qui permet de les bien résoudre à Perpignan, quand même on aurait vécu quelque temps auparavant à Dunkerque.

Aussi, sous l'inspiration de cette différence dans le caractère des élections, — différence qui est dans la nature des choses, — l'électorat municipal, de par la loi du 14 avril 1871, ne s'acquiert que par un an de *domicile réel,* tandis qu'aux termes du décret du 2 février 1852, on est électeur politique après six mois seulement de simple *résidence.* Voilà une proportion rationnelle. Pour être électeur municipal, il faut un temps de résidence *double* de celle nécessaire pour être électeur politique. Au contraire, demander, pour être électeur politique, — c'est-à-dire pour résoudre des problèmes qui intéressent en général toute la France, à moins qu'il ne s'agisse de la concession d'un chemin de fer local, — *trois* fois plus de temps de résidence que pour être électeur municipal, c'est vouloir faire de l'arbitraire pur et le contraire de ce que demande la réalité des choses.

Maintenant je ne fais nulle difficulté à reconnaître que la résidence de six mois pour l'électeur politique est un peu courte. Elevons-la à un an, exigeons même un *vrai domicile* et non pas une *simple résidence,* et mettons en harmonie avec ce nouveau chiffre la loi municipale, en exigeant deux ans de domicile: ce sera alors une œuvre de raison.

Mais autrement, le moyen, je le demande sérieusement, de faire croire à la foule que nul intérêt politique spécial n'a guidé la commission des Trente quand, après avoir exigé de tous les citoyens trois ans de résidence dans la commune, elle permet le vote à tous les *fonctionnaires en activité,* à tous les anciens fonctionnaires *jouissant d'une pension de retraite et aux ministres des cultes reconnus par la loi,* QUEL QUE SOIT LE TEMPS DE LEUR RÉSIDENCE (1). Comment! mais notamment pour les fonctionnaires en retraite, quelques jours, un jour de résidence suffiront avant la confection des listes! Mais l'on n'aura pas eu le temps même de constater matériellement leur identité!

Moi, je veux bien croire et je crois à la bonne foi de tout le monde; mais c'est par des dispositions de cette nature que les lois politiques perdent tout droit au respect. Et puis, l'on se plaindra de trouver l'ambition des affaires publiques bien plus souvent poursuivie par les natures peu élevées et peu généreuses que par les natures d'élite! Comment celles-ci seraient-elles encouragées à rechercher ou à accepter des fonctions que leurs œuvres recommandent généralement si peu?

(1) Page 71.

§ 3.

Restriction des moyens de preuve de la résidence dans les villes de 2000 habitants et au-dessus.

Ici il s'agit de chiffres, et la statistique a voix au chapitre.

Quel est donc le nombre de communes dans lesquelles s'appliqueraient les dispositions nouvelles? En réalité, c'est dans une minorité assez restreinte; car, d'après les recensements les plus récents, sur nos 35,989 communes, celles qui n'ont pas 2000 habitants sont au nombre de 33,421, tandis que celles au-dessus de ce chiffre ne sont au nombre que de 2,568. Mais dans cette minorité se trouvent les grandes villes populeuses, et leur vote a de l'importance.

Dans les communes de moins de 2000 habitants, la commission municipale, chargée de la confection des listes, appréciera, pour déterminer le domicile, les actes et les témoignages d'après les règles du droit commun. Mais, au-dessus de 2000 habitants, les moyens de preuve sont limités :

1° Au bail enregistré;

2° A la déclaration de bail verbal à l'enregistrement, remontant, suivant les cas, à plus de six mois ou à trois ans;

3° A l'attestation de certains parents ou des patrons;

4° A un acte de notoriété délivré par le maire de la commune ou le juge de paix du canton sur l'attestation de trois électeurs *inscrits d'office*, jointe au certificat des propriétaires ou de leurs représentants ou locataires principaux.

En face de pareilles dispositions, assez compliquées d'ailleurs, on ne peut s'empêcher de faire un rapprochement entre la loi civile et la loi politique. Tous les jours, les tribunaux ordinaires ont à déterminer le domicile d'une personne et à faire application du texte de l'article 102 du code civil, ainsi conçu : « Le domicile de tout Français est au lieu *où il a son principal établissement.* » Sans doute, quelquefois cette application donne lieu à des difficultés. Mais comment se fait-il que l'on n'ait jamais songé à formuler en matière civile et à limiter les modes de preuve que le juge devra employer? M. Batbie, notamment, a fait à l'Institut, en décembre 1865, la lecture d'un travail intitulé : *Révision du code Napoléon,* et dans lequel il indiquait les modifications à opérer dans notre loi civile; comment n'a-t-il point soutenu, à ce moment-là, l'utilité d'une réforme de l'article 102?

Ne serait-ce point parce que, en toute matière, il est grave de se méfier du juge et de lui faire un peu jouer le rôle d'un instrument passif, en lui interdisant d'avoir une conviction dans telle hypothèse et en lui en imposant une dans telle autre? Ne le dépouille-t-on pas alors d'une partie considérable de son autorité morale? Mais surtout quand il s'agit de faits multiples, variés, à interpréter largement, parce qu'il ne faut pas entraver légèrement l'exercice d'un droit, le juge doit avoir plutôt la qualité de juré que celle de juge. Et l'on sait que la décision d'un juré n'est limitée par aucune règle arbitraire. « Avez-vous l'intime conviction? » C'est la seule question que l'on puisse lui poser. Les éléments de la solution, il a le droit de les aller puiser partout.

Voilà pour l'appréciation du principe de la restriction des modes de preuve de la résidence; mais son application est loin d'être à l'abri de la critique. Bien des électeurs pourront être exclus qui ne le mériteront point, mais qui auront eu le malheur de ne pouvoir faire les preuves demandées.

C'est un locataire dont le propriétaire aura omis de faire la déclaration de bail, car maintenant ce sont les maîtres de maison qui sont chargés de ce soin. C'est une personne sans famille ou qui n'aura pas à côté d'elle les parents déterminés dont la déclaration est seule acceptée par le projet de loi. Et l'on pourrait multiplier les hypothèses. Elles n'ont point échappé au rapporteur de la loi; mais il s'en console un peu trop aisément : « Les lois électora-» les, » dit-il, « ne peuvent procéder que par des » règles générales, et il n'est pas de règle dont » l'application ne soit injuste dans quelques cas par-» ticuliers (1). »

Cette vérité n'est ni neuve ni consolante. Mais, au moins, le législateur doit-il faire des efforts pour pouvoir se rendre ce témoignage qu'il a tout tenté pour éviter l'injustice. Et le premier moyen pour réussir, c'est de simplifier l'application d'une loi, et surtout de ne point multiplier les formalités, qui

(1) Page 82.

ne doivent jamais servir qu'à garantir l'exercice d'un droit et nullement à le rendre plus difficile. Or, le projet de loi réalise-t-il pleinement un pareil programme juridique?

N'importe, l'on pourrait encore accepter ou subir tout ce luxe de procédure et de déclarations plus ou moins difficiles à obtenir; mais il est une disposition de la fin de l'article 6 qui ne saurait échapper à une critique inexorable. En fin de compte, l'on paraît se contenter de l'attestation de trois électeurs qui servirait de fondement à un acte de notoriété; mais il faudra que ces électeurs soient inscrits d'*office*. Et l'on n'inscrit d'office, aux termes de l'article 5, que les personnes portées au rôle de la contribution personnelle ou les fonctionnaires en activité ou en retraite. Ah! vraiment, c'est trop fort, et le principe d'égalité est trop brutalement violé.

Comment! à la barre de la justice civile ou de la justice criminelle, le témoignage, le serment de tout homme est accepté, sans qu'on lui demande s'il paie une contribution personnelle; sur cette attestation une fortune peut se déplacer, une tête peut tomber; et en matière politique, quand il s'agira d'attester une simple résidence, il faudra, pour être cru sur parole, être inscrit au rôle des contributions!

Mais alors, c'est bien le privilége du cens que vous rétablissez, mais plus injuste et plus tyrannique qu'autrefois.

Quand on ne le payait point, sous l'empire des chartes de 1814 et de 1830, l'on était privé du droit politique, mais l'on conservait au moins sa considération morale. Aujourd'hui, non inscrit comme contribuable, la loi vous dégrade; elle vous suspecte de mensonge; vous êtes indigne de porter un témoignage !

Allons, un bon mouvement, c'est une disposition à biffer d'enthousiasme.

§ 4.

Avantage donné à l'inscription au rôle de la contribution personnelle sur les autres modes de preuve.

Au premier abord, il semble que ce serait bien ici le cas de protester contre un rétablissement indirect du cens. Pour ma part, cependant, je ne m'associerais point à de pareilles protestations. Non, l'inscription au rôle ne vous donne pas une qualité de plus, et le défaut d'inscription ne vous enlève aucun droit, comme cela avait lieu dans la disposition précédemment discutée.

Seulement, vous obtenez une facilité de plus, une économie de temps et de peine à dépenser pour être sûr de faire partie du corps électoral : vous êtes inscrit d'office. C'est un avantage dans la forme, dans la procédure de l'inscription; ce n'est point un privilége au fond. Les plaintes ne seraient pas très-sérieuses.

Dès que vous payez la contribution personnelle, d'ailleurs la moins lourde de toutes les contributions directes, en outre des charges de consommation auxquelles personne n'échappe, vous remplissez encore plus largement votre devoir social. Vous êtes un associé plus actif; l'on peut, sans injustice, vous accorder quelques avantages de plus.

§ 5.

Extension des cas d'indignité.

Sans doute, toute condamnation judiciaire ne flétrit point. Une violence légère, une violence provoquée, punies cependant avec raison, ne font pas déchoir un homme. Mais autant il faut éviter d'écarter les votants de l'urne électorale, en masse, par de vagues présomptions d'indignité, comme celles tirées du peu de fixité dans la résidence, autant l'on peut justement retirer les droits de citoyen à l'homme qu'un jugement a frappé pour un fait bien défini par la loi pénale. L'on se garde ainsi de tout arbitraire; et le législateur échappe au reproche de partialité politique.

En vertu de ces principes, — quoique bien longue, — la liste des incapacités portées dans l'article 9 mérite d'être approuvée, surtout quand elle retranche des citoyens qui ont commis un délit contre la chose publique. N'ayant point respecté l'intérêt général, ils ne sauraient plus en être les gardiens, ni en exprimer les besoins. L'on pourrait, cependant, faire quelques retranchements.

Une condamnation pour outrage public à la pudeur, — avec les rigueurs de la jurisprudence, interprétant l'article 330 du Code pénal, — peut atteindre de simples imprudences accompagnant des faits parfaitement licites de relations entre époux. L'article 444, qui punit des dévastations de plants et de récoltes, s'appliquera aussi quelquefois à de simples violences que l'on n'a pas osé exercer contre un voisin, dont on s'est alors vengé un peu sur ses récoltes. Dans ces deux cas, la privation de vote va trop loin, au moins appliquée sans aucune distinction. Il faudrait que le juge fût forcé d'en faire l'objet d'une disposition spéciale de la sentence.

§ 6.

Constitution d'un registre électoral.

Ce registre, qui doit être permanent, sera l'objet d'une révision annuelle et servira à former les listes électorales, dont l'on dressera trois exemplaires : l'un devant demeurer à la mairie, l'autre être envoyé à la sous-préfecture et le troisième au greffe du tribunal d'arrondissement.

A cette innovation apparente, qui rappelle les anciens registres civiques, on ne saurait opposer aucune objection. L'état civil a ses registres, l'état politique doit avoir les siens, surtout si l'on admet une majorité politique distincte de la majorité civile. Les registres de l'état civil sont contrôlés par le pouvoir judiciaire; il interviendra aussi pour assurer l'exécution des dispositions des lois qui frappent d'incapacité. Rien de plus raisonnable.

Seule, la garde d'un exemplaire par le sous-prefet pourrait être discutée; mais, au fond, où est le danger? Le représentant du pouvoir exécutif ne peut ordonner aucun changement sur les listes; il n'a que le droit de soumettre les difficultés de radiation ou d'inscription aux juges compétents.

Dans tous les cas, la constitution de ce registre électoral permanent aura cet avantage de donner une base certaine aux révisions de listes. Sans cela, bien des personnes étaient amenées à croire que chaque année, ou tout au moins à chaque changement de municipalité, on pouvait impunément se livrer à un bouleversement complet.

§ 7.

Le vote au scrutin individuel par arrondissement.

Impossible de ne pas approuver. Le scrutin de liste n'était souvent qu'un mensonge; un nom connu en tête, et plusieurs inconnus passaient à la suite. On pouvait reprocher à l'élection de n'être point sincère. Qui saurait, en effet, se flatter, à part quelques exceptions brillantes, suffisamment désignées par leur talent, par l'exercice des grandes fonctions politiques, d'être connu et apprécié de tout un département?

La circonscription par arrondissement est plus facile à embrasser; elle est dans les mœurs; une popularité sérieuse, de bon aloi, peut y être conquise. Puis, quand l'arrondissement est trop grand, on le dédoublera en deux, ou plusieurs circonscriptions. Mais, « pour éviter que les remaniements de ces » circonscriptions soient faits arbitrairement, l'état » annexé à la loi organique ne pourra être modifié » que par une loi spéciale » (art. 40). Toutes ces règles légales sont excellentes.

On avait souvent reproché aux républicains de vouloir obtenir des représentations factices du pays :

1° par le vote au canton ;

2° Par le scrutin de liste.

Nous rentrons heureusement dans la réalité des faits et la sincérité de la représentation du pays.

Il y a seulement une particularité piquante à noter dans la discussion qui s'est produite à la commission des Trente, à propos du scrutin individuel ou du scrutin de liste. C'est que deux députés, n'appartenant certes point à l'opinion républicaine, MM. Chesnelong et La Rochefoucauld, proposaient un groupement d'arrondissements, de façon à pouvoir combiner des listes de trois députés au moins et de cinq au plus. Et cependant n'avait-on pas toujours soutenu que le scrutin de liste était la plus détestable des inventions républicaines ? Comment cette invention pouvait-elle devenir moins mauvaise, acceptable, si, au lieu de faire une liste pour tout un département, on la faisait pour la moitié ou les deux tiers, ou les trois quarts d'un département (1) ?

Quelques journaux malins ont bien pensé que c'était là un moyen de faire réussir des candidatu-

(1) Page 80.

res se rattachant aux trois dynasties qui se partagent les affections monarchiques de notre pays, en les groupant et en les épaulant mutuellement. Moi, je ne saurais croire à de pareils machiavélismes. Mais alors, quel est donc ce mystère?

Il faut également approuver, sans réserves, le rejet de la proposition qui tendait à punir de l'amende et même de l'emprisonnement l'électeur qui aurait négligé de voter. Les raisons de ce rejet, consignées dans le rapport, sont excellentes. Mais quand on est d'avis, comme moi, que l'électorat est un droit et non pas un devoir ou une fonction, on en peut fournir une de plus, et qui, celle-là, est tout à fait victorieuse : c'est que le législateur ne peut pas changer un droit en un devoir, sous peine de tyranniser les gens.

On a le droit de faire un testament : peut-on sérieusement vous imposer l'obligation d'en écrire un? N'est-il pas possible que l'on se sente incapable de faire la loi de son hérédité? On a le droit de se marier : peut-on vous en faire un devoir pratique, légalement sanctionné? Est-il toujours si facile de rencontrer l'être avec lequel vous consentirez à passer votre vie. Enfin, vous êtes électeur : ne peut-il point se faire qu'aucun des candidats ne vous convienne, ou que vous ne soyez pas suffisamment éclairé sur la question politique la plus importante pendante au moment des élections, celle sur laquelle se font les élections, pour parler comme les Anglais ou les Américains?

VIII

Discussion des conditions nouvelles d'éligibilité.

Après les électeurs, les éligibles. Quelles conditions leur demande le projet nouveau?

§ 1er.

Trente ans d'âge.

Le rapport s'exprime ainsi : « L'élévation de l'âge » des électeurs à vingt-cinq ans devait avoir pour » conséquence la fixation à trente ans de l'âge des » éligibles (1). »

Ce n'était pas, à mon sens, un résultat aussi forcé. Certainement, il est raisonnable que l'éligible soit supérieur à l'électeur; mais cinq ans de plus ne garantissent pas toujours cette supériorité. Que d'hommes de vingt-cinq ans qui ont souvent bien plus réfléchi que des hommes de trente?

Cependant, je ne fais pas d'objection. La fonction de député étant la plus élevée qu'on puisse ambitionner, il est bien que l'expérience puisse s'ajouter au talent.

(1) Voir page 84.

§ 2.

Conditions de domicile.

C'est encore une raison d'analogie qui a entraîné la solution :

« La majorité de la commission a pensé que si les » électeurs étaient soumis à des conditions de domi- » cile, les éligibles n'en devaient pas être dispen- » sés (1). » C'est un raisonnement qui n'a que l'apparence d'une argumentation; il n'y a point identité de situation.

L'électeur doit être rattaché à un domicile :

1° Pour qu'il lui soit impossible de voter à deux endroits;

2° Pour que l'on puisse rechercher si des condamnations ne l'ont point frappé.

Mais l'on n'a pas le droit d'empêcher un député d'être élu dans deux ou plusieurs circonscriptions. Son talent, sa réputation, l'éclat des services rendus peuvent lui mériter cet honneur. D'autre part, la notoriété d'un candidat étant toujours plus considérable que celle d'un électeur, il sera facile de s'assurer de sa capacité politique, sans le rattacher à un domicile déterminé.

Mais nous avons d'autres motifs, dit le rapport :

1° Il faut qu'il y ait des *relations* entre l'élu et l'électeur;

2° Il faut que sa *personne* et son *caractère* soient connus de l'électeur;

(1) Page 84.

5

3° Il ne faut pas que ses opinions soient connues seulement par ses discours (1).

De quel droit exigez-vous d'abord toutes ces conditions? Demandez-les à un conseiller municipal, à un conseiller d'arrondissement : c'est bien. Ce sont des représentants d'intérêts locaux; ils doivent se rattacher aux lieux qui sont le siége de ces intérêts. Mais le député à une Assemblée nationale, — *nationale*, entendez-vous, — est le député de la nation, du pays tout entier. On ne saurait cantonner sa puissance d'éligibilité dans un lieu circonscrit.

Auriez-vous la prétention d'empêcher des élections doubles? Non, puisque l'article 37 du projet de loi prévoit l'hypothèse de plusieurs élections du même candidat. Et alors, que voulez-vous donc, en réalité?

Qu'il y ait des *relations* entre l'élu et l'électeur? Mais quelles relations? d'amitié, d'affection? De quelle nature? de quelle durée? Vous tombez dans l'arbitraire. Et ce qui le prouve, c'est le relâchement que vous avez été condamnés à laisser, en somme, aux liens qui rattacheront l'élu à l'électeur. Il suffira, aux termes du 2° de l'article 41, que les parents du candidat aient été domiciliés dans le département où il se présente, au moment de sa naissance. Il peut avoir ensuite complétement quitté le pays, n'y avoir jamais habité, n'importe. Mais c'est alors un lien essentiellement dérisoire.

Vous voulez que *sa personne et son caractère soient connus*. Mais il ne fallait pas demander seulement

(1) Page 84.

que le candidat fût plus ou moins rattaché au département; il eût été logique de le rattacher au moins à l'arrondissement, puisque les arrondissements doivent former les circonscriptions électorales. Pourquoi ne pas lui imposer aussi des tournées, des présentations périodiques? Je vais trop loin; je plaisante, me dira-t-on. Mais pourquoi formuler législativement des exigences aussi facilement discutables?

Enfin, vous estimez que les discours d'un homme ne doivent pas le faire suffisamment connaître et apprécier. Quelle injure à la parole humaine et à la puissance du verbe! C'est la première fois qu'on la lui adresse dans notre noble pays, où les semences jetées par l'éloquence ont produit si souvent de fructueuses récoltes.

Mais où vous arrêterez-vous sur cette pente du dénigrement de l'activité humaine s'exerçant à travers la distance? Le discours parlé, vous le proclamez légalement insuffisant pour faire connaître, aimer ou tout au moins estimer un candidat et lui mériter des suffrages politiques. Vous êtes condamnés alors à embrasser dans le même ostracisme le discours écrit, le livre, l'enseignement propagé. Je ne veux prononcer aucun nom de contemporain vivant, pour que ma discussion ne puisse être soupçonnée de quelque partialité; mais vous auriez donc voulu étouffer ce cri de reconnaissance et d'admiration que plus de dix départements poussèrent en acclamant le grand nom de Lamartine, en 1848? Et vous auriez annulé cette acclamation comme illégale, parce que tous les électeurs qui l'avaient proférée ne connaissaient pas personnellement le profil du magnifique orateur que la grande poésie avait prêté à la grande politique !

J'en ai assez dit, et je voudrais m'arrêter, n'ayant pas eu l'intention de discuter pied à pied chacune des dispositions du projet ; mais il m'est pénible de terminer par une critique où je n'ai pu me défendre d'une certaine amertume.

§ 3.

Du mandat impératif.

J'aime mieux, en jetant un dernier coup d'œil sur le rapport de M. Batbie, le louer à propos de la doctrine qu'il a émise touchant le mandat impératif. Sismondi avait dit avant lui, dans la formule la plus nette et la plus concise, que « donner des cahiers » impératifs aux députés, c'était supposer que la » *décision* précède la *délibération*, que les *parties* en » savent plus que le *tout*, que chaque intérêt ne veut » rien céder et que toute conciliation est impossi» ble (1). » Il dit à peu près aussi bien que « prendre » d'avance l'engagement d'émettre des votes déter» minés, c'est aliéner sa liberté et fermer sa convic» tion à l'influence des discussions ; c'est agir con» trairement à l'essence du régime représentatif qui » n'admet pas que les mandataires se décident sans » délibération (1). » Mais il faut surtout féliciter la

(1) Sismondi, *Etudes sur les constitutions des peuples libres*, t. Ier, p. 136.
(2) Page 85.

Commission de n'avoir pas écrit dans le projet de loi la nullité de l'élection entachée par le mandat impératif, comme sanction du texte qui prohibe l'acceptation d'un pareil mandat (art. 38). Ainsi que le dit encore fort bien le rapporteur, « c'est à la » Chambre qui vérifiera les pouvoirs que sera laissé » le soin de vérifier si la gravité de l'infraction » mérite l'annulation (1). »

Là surtout il importe que le pouvoir législatif joue le rôle de juré, qui apprécie sans que sa conviction lui soit dictée par avance.

Telles sont mes observations sur le projet de loi et le rapport de M. Batbie.

La publicité donnée à ces deux documents importants, les vacances de l'Assemblée, avant leur discussion, ouvraient indirectement une enquête, où tout électeur, au moins, avait le droit de déposer.

A coup sûr, je l'ai fait sans *haine* et sans *crainte;* sera-ce aussi sans résultat?

(1) Page 85.

RAPPORT DE M. BATBIE.

I

Messieurs,

La commission des lois constitutionnelles a consacré de nombreuses séances à l'examen du projet de loi électorale. Elle n'a regretté ni son temps ni sa peine, pour être en mesure de se prononcer, en connaissance de cause, sur la question la plus grave qui ait encore été soumise à vos délibérations. Aussi, pénétrée de son devoir et sentant sa responsabilité, ne s'est-elle pas arrêtée aux reproches de lenteur qui ne lui ont pas été épargnés. Nous n'avons pas, un instant, perdu de vue que nous étions chargés de préparer une loi organique dont les circonstances rehaussent tellement l'importance, que l'Assemblée a doublé le nombre des commissaires et a, pour les nommer, adopté le scrutin en séance publique.

Avant d'examiner les articles du projet, nous avons, dans une discussion générale, recherché le principe du suffrage universel. Nous nous sommes posé la question tant de fois agitée : Le suffrage est-il un droit ou une fonction?

Si c'était un droit, les mineurs seraient-ils privés, non-seulement de son exercice, mais aussi de sa jouissance? Pourquoi ne serait-il pas, comme les autres droits, exercé par le tuteur au nom du pupille? Les femmes majeures, même celles qui ne sont pas en puissance du mari, seraient-elles écartées du scrutin lorsqu'elles ont la libre disposition de tous leurs biens ? Les indignes et les incapables devraient pouvoir l'exercer, non par eux-mêmes, mais par leurs représentants légaux ou conventionnels. *A toutes les époques,* cependant, le législateur a exigé des conditions qui fermaient l'électorat aux incapables et aux indignes. *C'est que toujours il l'a considéré comme une fonction et comme un devoir.*

Non-seulement c'est une fonction, mais il faut reconnaître que c'est une fonction difficile. *On n'en pourrait pas citer une autre qui exige plus de tact et de sens, qui réclame à un plus haut degré de la mesure et de la fermeté.* Discerner, parmi les candidats qui briguent les suffrages, celui dont les opinions et le caractère offrent le plus de garanties ; se mettre en garde contre les promesses trompeuses ; démêler les professions de foi sincères de celles qui ne seront pas tenues ; résister aux menaces des violents et ne pas se laisser prendre aux finesses des habiles; l'énumération serait longue si nous voulions dire toutes les qualités que doit avoir un électeur pour émettre un vote éclairé. Certes, ces mérites divers ne seront que rarement réunis, et il y aurait paradoxe à soutenir que leur coïncidence se rencontrera fréquemment. Cependant il y a plus de vingt-cinq ans que le suffrage a été donné à tous les Français majeurs, et quoique la loi ait réservé quelques cas d'incapacité ou d'indignité, le suffrage a pu être appelé universel.

C'est que les partis ont réclamé le vote comme un droit individuel qu'on ne pouvait refuser à personne. Par des concessions successives, on est arrivé à une véritable universalité ; les restrictions qui subsistent n'ont plus assez d'importance politique pour que les défenseurs du droit individuel les disputent à la théorie de la fonction. Ainsi ce dernier système est, en principe, demeuré dans la loi, tandis qu'en réalité l'autre triomphait.

Dans presque tous les pays, le législateur, *glissant sur la même pente, a fini par réduire le cens à de petites sommes.* Chose digne de remarque ! ces réductions n'ont pas toujours été provoquées par les mêmes organes, et on a vu, à tour de rôle, les partis vaincus chercher à ressaisir la puissance par un déplacement des influences dans le corps électoral.

On a vu aussi l'attitude du même parti changer avec la ligne des frontières. Tandis que, d'un côté, il demandait l'extension du suffrage, de l'autre il défendait les traditions et le maintien des vieilles lois. *Aussi chacun, suivant son intérêt politique du moment, a contribué à l'augmentation du nombre des électeurs, se préoccupant plus de vaincre dans l'opposition, que de bien gouverner, une fois au pouvoir.*

Ce qui ne s'est rencontré que dans notre pays, *c'est le changement brusque opéré après la révolution de février, et qui a remplacé le cens de 200 fr. par le vote direct de tous les Français âgés de vingt et un ans accomplis*. De l'aveu même de plusieurs des publicistes qui appartiennent à l'école de la révolution de février, il aurait mieux valu procéder peu à peu et n'arriver que progressivement au suffrage universel. Peut-être aurions-nous évité, par ce moyen, les mouvements subits d'opinion auxquels nous avons assisté, et qui, d'après les défenseurs du suffrage universel, sont imputables à l'inexpérience des électeurs plutôt qu'aux vices du système.

Il ne faut pas s'étonner qu'en présence d'une institution dont la formation fut si précipitée, et dont les manifestations ont été si capricieuses, la commission ait cherché, même longuement, à corriger, dans notre organisation politique, *des défauts qui ont trop souvent fait dévier la marche des affaires*. La grande majorité était d'avis que, dans la composition de la Chambre des Députés, *il serait bon de tempérer la puissance du nombre, jusqu'à présent sans contre-poids, en y ajoutant la représentation des intérêts*. On était d'accord pour reconnaître que ce qui est rationnel dans la gestion des affaires privées pourrait, avec fruit, être transporté dans la conduite des affaires publiques. *On ne s'est pas entendu sur les moyens de remédier au mal*. Bien qu'aucune d'elles n'ait été admise, nous rendrons compte des différentes propositions que la commission a examinées.

II

Quelques-uns de nos collègues, MM. Combier et de Belcastel, étaient d'avis d'attribuer des voix supplémentaires aux hommes mariés et aux pères de famille; d'autres y ajoutaient des votes proportionnés à la capacité prouvée par des diplômes, et à la fortune d'après les contributions directes. Ainsi, dans la même maison, le domestique non marié aurait exprimé un seul suffrage, tandis que le maître, marié, père de famille, docteur en médecine et contribuable, aurait eu jusqu'à dix voix. M. le marquis d'Andelarre avait proposé d'accorder des votes supplémentaires uniquement en proportion de la contribution foncière, savoir : de 10 à 30 fr., un vote supplémentaire ; de 31 à 50 fr., deux votes; de 51 fr. et au-dessus, trois votes.

Ces combinaisons ont été désignées sous le nom de *vote plural*, et quelquefois de *vote accumulé;* mais la dernière de ces dénominations a été abandonnée, parce qu'elle est en usage pour désigner le droit de porter le même nom sur un seul bulletin, afin d'assurer la représentation des minorités.

Ce ne sont pas, comme on l'a dit, les difficultés pratiques qui ont fait écarter le vote plural, car il aurait été possible d'énoncer sur chaque carte d'électeur le nombre de voix attribué au porteur et de l'admettre, sur le vu de sa carte, à déposer le même nombre de bulletins. Ce qui nous a arrêtés, *c'est que les effets de cette innovation sont loin d'être sûrs.* Il se pourrait que la responsabilité qu'entraînent le mariage et la paternité profitât aux idées conservatrices, parce qu'elle donne de la gravité au caractère et de la maturité à l'esprit. Mais en quoi les différences qui tiennent à l'état civil des personnes et se retrouvent dans toutes les catégories sociales corrigeraient-elles la prédominance du nombre? Les totaux pourraient être changés sans que la proportion entre eux fût modifiée. D'ailleurs la responsabilité de l'homme marié ou du père de famille est-elle toujours une cause d'apaisement de l'esprit? Si elle calme les uns, elle irrite les autres, car le chef de famille supporte les privations de sa femme et de ses enfants plus difficilement que les siennes propres. Quant aux contribuables, le nombre de voix supplémentaires qui leur serait accordé ne suffirait pas assurément pour dominer le suffrage universel, à moins que le vote supplémentaire ne fût accordé aux très-petites cotes; mais, en ce cas, une pareille innovation ne produirait pas les effets politiques qu'on attend de la représentation des intérêts.

Un autre de nos collègues, M. Léon Vingtain, a proposé 1° d'établir que, pour être éligible au Sénat, il faudrait être dans le premier dixième des plus imposés à la contribution foncière; d'exiger un cens de 20 fr. des électeurs qui nommeraient la Chambre des Députés. Ainsi le frein serait imposé tantôt à l'éligible et tantôt à l'électeur par une combinaison ingénieuse qui forcerait le nombre à choisir l'une des Assemblées parmi les plus imposés à la contribution foncière, et ne permettrait de voter, pour l'autre, qu'aux petits propriétaires payant 20 fr. d'impôt foncier.

La majorité de la commission n'a pas adopté ce projet, par la raison que l'élection ne tire pas son caractère de la position de l'éligible. On a vu des candidats dont la richesse excitait l'ambition, si leur nom n'était pas accepté par les comités de l'opinion modérée, chercher une candidature dans les rangs des partis extrêmes. *Le cens est une garantie pour l'électorat parce que, sur un grand nombre de personnes, il ne se produit jamais qu'un petit nombre de déviations.* Il suffit, au contraire, pour trouver un candidat parmi les plus imposés, qu'un ambitieux soit prêt à tout. Il est donc probable que le cens d'éligibilité ne ferait qu'imposer une gêne aux candidats, sans modifier l'esprit de l'élection.

C'est aussi *l'incertitude des résultats* qui nous a décidés à n'admettre comme correctifs ni l'élection à deux degrés ni l'inscription au rôle de l'une des quatre contributions directes.

Dans l'élection à deux degrés, il faut convenir que l'électeur se rend compte de ce qu'il fait, mieux que dans le vote direct. Appelé à nommer des électeurs parmi les personnes de son entourage, il se décide en connaissance de cause, ce qui n'a pas toujours lieu lorsqu'on lui demande d'élire directement, et en grand nombre, des candidats éloignés et, la plupart du temps, inconnus pour lui. Mais l'esprit du vote serait-il modifié? Les partis savent se discipliner, et il ne leur serait pas difficile de faire nommer, au deuxième degré, des électeurs de la même nuance que les électeurs primaires. Au reste, l'expérience déjà faite de l'élection à deux degrés est loin d'être rassurante. C'est à deux degrés qu'en 1791 et 1792 furent nommées l'Assemblée législative et la Convention, c'est-à-dire les deux Assemblées les plus révolutionnaires dont l'histoire ait gardé le souvenir.

Le même précédent nous a démontré que l'inscription au rôle de l'une des quatre contributions directes ne serait pas une garantie pour les opinions modérées. L'Assemblée législative et la Convention furent nommées à deux degrés en vertu d'une loi électorale qui ne reconnaissait la qualité d'électeur primaire qu'aux *citoyens actifs*, c'est-à-dire à ceux qui payaient une contribution égale à la valeur de trois journées de travail, à peu près notre contribution personnelle.

Des raisons analogues nous ont décidé à repousser une proposition qui, pour suppléer au défaut de direction dans les élections, tendait à organiser des comités officiels dont les membres auraient été désignés par la loi, parmi les chefs élus des corporations diverses, les conseillers généraux, les plus fort imposés et les notables à un titre quelconque. Les auteurs de l'amendement, MM. de Meaux et Pradié, pensaient qu'un comité permanent et bien composé remplacerait utilement l'influence des comités de hasard qui se forment, à l'improviste, au moment de l'élection. Cette combinaison aurait l'inconvénient de mêler aux débats politiques, en vertu d'une invitation écrite dans la loi, les chefs de plusieurs services publics, et cette immixtion leur enlèverait le caractère de haute impartialité dont ils ne doivent pas se départir. Pouvait-on espérer, d'ailleurs, que l'existence du comité légalement institué empêcherait les candidats évincés de former, au moment de l'élection, des comités extra-officiels, pour lutter contre les candidats favorisés? Il est même probable que ces réunions d'un jour auraient plus d'influence que les réunions permanentes, parce qu'elles déploieraient pendant leur courte existence une plus grande activité.

Nous avons aussi rejeté un amendement de l'honorable M. de Rambures, amendement qu'on pourrait plus justement appeler un contre-projet, et qui n'est que la reproduction du système récemment exposé dans un livre de M. Henri Lasserre. Le trait distinctif de ce contre-projet, c'est le collége unique comprenant toute la France et sa division en deux sections : l'une chargée de représenter les personnes : l'autre chargée de représenter le territoire et la propriété. Les représentants des deux sections seraient nommés par le suffrage universel le plus étendu.

Moins que tout autre, ce système pouvait déterminer la commission à s'écarter de la règle qu'elle a toujours suivie, *de n'accepter que les réformes dont elle pourrait mesurer les conséquences*. L'organisation proposée par M. de Rambures est, en effet, neuve, à ce point qu'elle n'a, jusqu'à présent, été pratiquée dans aucun temps, ni dans aucun pays. S'il n'a pas encore été appliqué, ce n'est cependant pas la première fois que le collége unique, comprenant toute la France, a été proposé. Ce système a été recommandé par des publicistes éminents comme favorable à l'élection des hommes célèbres. Nous croyons que si les hommes illustrés par leurs services y pouvaient gagner, les noms fameux à d'autres titres en tireraient autant de profit; d'un autre côté, toutes les objections qui ont été faites au scrutin de liste auraient encore bien plus de force contre l'unité de collége.

Nous nous sommes plus longtemps arrêtés à trois propositions qui nous ont été soumises à la fin de nos délibérations sur ce point. D'accord avec un éminent magistrat, un de nos collègues de l'Assemblée, M. de Clercq, était d'avis, par imitation de la loi prussienne, de diviser les électeurs, dans toute commune, en trois parties correspondant chacune à un tiers du contingent des contributions directes de répartition.

Le premier tiers, comprenant les plus imposés, n'aurait qu'un petit nombre d'électeurs. Le dernier tiers, au contraire, se composant des plus petits contribuables et même de ceux qui ne paient rien, aurait un grand nombre d'électeurs primaires ; ce serait la centurie des prolétaires, avec cette différence, cependant, qu'à Rome les derniers censitaires n'étaient appelés qu'à défaut des autres, tandis que, d'après le système prussien, le dernier tiers a un droit propre et contribue toujours, pour sa part, à l'élection. Le deuxième tiers serait formé par les propriétaires moyens et représenterait la bourgeoisie urbaine et rurale.

Cette division tripartite nous a paru être arbitraire, parce qu'au point de vue de la représentation des intérêts, il n'y a pas de distinction à faire entre la grande et la moyenne propriété ni entre la moyenne et la petite. Leur régime est le même, à tous les degrés, du moins en France, et il serait plus simple, pour représenter le nombre et les intérêts, de partager le corps électoral en deux parties seulement. Or c'est plutôt l'objet des deux systèmes qu'il nous reste à examiner.

L'une de ces deux propositions consistait à faire élire, à côté des députés d'arrondissement qui seraient nommés au scrutin individuel par le suffrage universel, des députés de département que nommeraient, au scrutin de liste, des électeurs spéciaux pris parmi les représentants élus des corporations existantes (conseils généraux, conseils d'arrondissement, ordre des avocats, chambre de discipline, etc., etc.,) et des principaux censitaires. Le préjugé des précédents s'est immédiatement dressé contre cette conception. On n'a pas manqué, pour la combattre, de rappeler les grands colléges et le double vote qui furent tant attaqués, sous la Restauration ; et bien qu'il y eût de profondes différences entre la proposition et les lois dont l'objection était tirée, les colléges de département n'ont pas été admis. L'auteur de l'amendement (M. de Lacombe) n'accordait, d'un autre côté, aux départements qu'une quantité de députés bien inférieure à celle qu'il donnait aux arrondissements. On ne brisait donc pas par ce moyen la puissance du nombre, et ce système avait contre lui, non-seulement la résistance causée par les souvenirs, mais aussi l'argument tiré de l'inefficacité.

Les mêmes raisons ne pouvaient pas être opposées à la proposition qui a été soutenue par MM. Chesnelong, de Kerdrel et Lefèvre-Pontalis.

Elle consistait à faire nommer par tous les électeurs primaires, un certain nombre d'électeurs au deuxième degré, à raison de 2 0/0 des électeurs du premier degré, et d'ajouter aux élus, en nombre égal, les plus imposés de la commune, plus les capacités, c'est-à-dire les fonctionnaires principaux et les chefs, de quelque nom qu'ils s'appellent, des corporations qui exercent les professions libérales. On donnait, par cette addition, au suffrage universel une tête capable de le diriger. Le vote n'était retiré à personne ; mais au lieu de laisser à la multitude la conduite des affaires, on la confiait aux capacités prouvées par la profession ou présumées d'après la fortune, c'est-à-dire à la classe assez indépendante et assez éclairée pour être dirigeante.

Après une vive et longue discussion, l'adjonction des plus imposés a été rejetée. La majorité de la commission a craint que, dans un corps électoral composé d'éléments divers, l'antagonisme ne fût systématique. Les électeurs du deuxième degré seraient probablement nommés dans un esprit opposé à celui des électeurs adjoints, et comme ceux-ci, réunis avec les capacités, auraient infailliblement la majorité, on verrait renaître une sorte de *pays légal*. Autant, disait-on, vaudrait rétablir le cens pour tous les électeurs ; la mesure aurait l'avantage d'être mieux connue puisque ce régime a été pratiqué pendant trente années de gouvernement parlementaire.

La commission des lois constitutionnelles a, pour l'électorat politique, reculé devant les mêmes objections qui, pour l'électorat municipal, ont arrêté la commission de décentralisation. « Pourquoi, » dit M. de Chabrol dans son *rapport supplémentaire*, « la commission a-t-elle reculé devant cette réforme ? Une même raison la lui fait abandonner, ainsi que toutes les propositions tendant à diviser les électeurs en plusieurs groupes : c'est la crainte de heurter le sentiment le plus vif et le plus ombrageux parmi nous, l'égalité. Classer les habitants d'une même ville en catégories d'après leurs richesses, faire siéger constamment dans le même conseil les élus de quelques citoyens opulents et les élus du plus grand nombre a semblé dépasser ce que nos mœurs comportent. D'ailleurs, il est douteux que l'opinion publique, désireuse cependant de voir apporter une modification au suffrage municipal, soit disposée à admettre une innovation aussi complète, et la mesure risquerait d'être mal comprise ou mal interprétée. On a donc été d'avis d'y renoncer. Ce n'a pas été sans regret pour quelques-uns d'entre nous. A leurs yeux, le moment était venu de porter un remède énergique à des abus chaque jour plus apparents ; de revenir à la véritable égalité, qui consiste à donner à tous d'égales garanties plutôt qu'à laisser chacun exposé, de la part de tous, à une même oppression. Si l'antagoniste est malheureusement trop réel, s'il sépare, surtout dans les grandes communes, *ceux qui possèdent et ceux qui ne possèdent pas*, est-ce donc le créer que de le voir et d'y parer?

Après avoir examiné ces propositions, la commission a recherché les dispositions qui pourraient, en épurant le corps électoral, assurer que le vote n'appartiendrait pas à des personnes dont l'âge, la manière de vivre ou la moralité n'offriraient pas des garanties suffisantes.

III

Nous avons été unanimes pour élever l'âge des électeurs de 21 à 25 ans accomplis.

Cette modification était indispensable depuis que la loi sur le recrutement, en interdisant le vote sous les drapeaux, avait, en ce qui concerne les militaires, éloigné, au moins de ce fait, l'âge politique jusqu'à 25 ans. *Il y aurait eu, si on avait maintenu l'âge de 21 ans, inégalité entre les militaires et les non-militaires; et cette inégalité aurait été défavorable aux serviteurs les plus dévoués de l'Etat.*

La majorité de la commission a été d'avis de substituer le scrutin individuel, par arrondissement, au scrutin de liste par département. Le scrutin de liste oblige les électeurs à voter pour des inconnus, à ce point que tout nom, fût-il celui d'un personnage décédé ou imaginaire, pourrait triompher. Les comités font les choix et leur action est décisive parce que toute voix indisciplinée est nécessairement perdue. C'est une élection à deux degrés, mais renversée, car les électeurs du deuxième degré soumettent leurs propositions aux électeurs primaires. D'après notre projet, chaque arrondissement, quelle que soit sa population, aurait un représentant. Cette disposition aurait pour résultat l'affaiblissement sinon la suppression, dans les luttes électorales, des rivalités de clocher. Quant aux arrondissements les plus peuplés, ils nommeraient, en sus du député qui est attribué à la circonscription administrative, un représentant de plus par cent mille ou fraction de cent mille habitants. En ce cas, l'arrondissement serait partagé en circonscriptions, de manière que l'électeur n'eût jamais à porter qu'un seul nom.

Afin d'empêcher que les remaniements de ces circonscriptions soient faits arbitrairement, nous vous proposons de décider que l'état annexé à la loi organique ne pourra être modifié que par une loi spéciale.

Quelques membres de la commission (MM. Chesnelong et de La Rochefoucauld) avaient d'abord pensé qu'il ne serait pas impossible de concilier les avantages du scrutin de liste, avec l'influence légitime que les candidats tirent de leur position locale. *Ils avaient dans ce but, proposé d'établir un scrutin de liste restreint où les arrondissements seraient réunis pour nommer* trois *députés au moins, et* cinq *au plus.* Dans les plus peuplés, tous les députés auraient été élus au scrutin de liste d'arrondissement. Ce système aurait un grave défaut. Dans les arrondissements ruraux, ce groupement ne donnerait aucune force aux opinions modérées; il ne ferait que susciter les rivalités locales toutes les fois que chacun des arrondissements n'obtiendrait pas une représentation égale. Dans les arrondissements les plus importants, l'élément urbain, tantôt par le nombre et tantôt par sa puissance de propagande, l'emporterait presque toujours sur la partie rurale, qui serait trop peu étendue pour lutter contre l'influence des grandes agglomérations. Cet inconvénient est moindre, ou même nul, avec le scrutin de liste par département, parce que l'influence des grandes villes est, dans ce système, contrebalancée par des cantons ruraux en grand nombre. La commission avait donc à choisir entre les deux solutions tranchées, entre le scrutin de liste par département et le vote uninominal par circonscription. Nous avons dit les raisons qui nous avaient portés à préférer ce dernier parti.

Notre projet exige de ceux qui veulent acquérir le domicile politique dans une commune autre que celle de leur naissance, une résidence continuée pendant trois ans. *Cette condition épurera le suffrage, en rejetant la population nomade qui n'a de domicile nulle part et ne mérite aucune confiance parce qu'elle ne tient à rien; population que, dans les villes, la police surveille avec inquiétude, car c'est elle qui fournit presque tous les rebelles qui vivent en guerre avec la société; population qui n'ayant pour tout bien qu'une vie incertaine et au jour le jour, n'ayant rien à perdre et croyant avoir tout à gagner dans les bouleversements, se met toujours et sans hésiter au service des mauvais desseins.* Nous distinguons entre les électeurs qui sont nés dans la commune et ceux qui sont nés hors de la commune. Pour les premiers, une résidence de six mois, au moment de la révision du registre, sera suffisante.

Un membre de la commission (M. Pradié), aurait voulu qu'on exigeât, même des électeurs nés dans la commune, une résidence habituelle de trois années quand ils ne sont inscrits à aucune des quatre contributions et qu'ils n'appartiennent à aucune des catégories des électeurs inscrits d'office. M. Pradié demandait que ces électeurs fussent tenus de justifier de trois ans de domicile comme ceux qui ne sont pas nés dans la commune : « On écarterait, » dit-il, « de l'urne électorale, une foule de gens sans aveu, qui errent de garni en garni, et qui seraient dans l'impossibilité de trouver leur domicile s'ils étaient tentés d'entreprendre cette justification. Ces nomades de l'intérieur de la commune, véritable écume de la population, ne seraient pas privés du droit d'élire, mais, pour la plupart, réduits à l'impuissance de justifier de ce droit. » La commission n'a pas adopté la proposition de M. Pradié. *Il ne serait pas juste* de mettre au nombre des nomades ceux qui viennent fixer leur résidence habituelle au milieu de leurs amis et de leur parents, là où ils connaissent tout le monde et où tout le monde les connaît.

Quant à la preuve, nous n'avons pas fait de l'inscription à la contribution personnelle mobilière une condition *sine quâ non.* C'eût été confondre le fond avec la preuve et exiger indirectement ce que nous ne pouvions prescrire d'une façon directe ; car nous ne sommes pas, comme les auteurs de la loi du 31 mai 1850, liés par le texte d'une Constitution. Nous avons cependant donné un avantage à ceux qui sont inscrits au rôle de la contribution ou des prestations en nature, en les faisant porter d'office sur le registre électoral, tandis que les non inscrits seront tenus de faire une demande expresse et d'obtenir une décision spéciale.

L'inscription sur demande ne sera point partout régie par les mêmes dispositions. S'agit-il d'une commune ayant moins de 2,000 habitants, la commission municipale appréciera les actes et les témoignages d'après les règles du droit commun. Comme dans ces localités tous les habitants se connaissent, nous avons pensé que la tâche de la commission serait facile à remplir.

Au-dessus de 2,000 habitants, nous limitons les moyens de preuve au bail enregistré ou à la déclaration du bail verbal, à l'attestation des parents et patrons, et enfin à l'acte de notoriété signé par trois électeurs inscrits d'office et par le propriétaire ou le locataire principal. Il faut que le domicile soit une condition sérieuse ; il n'aurait pas ce caractère si son acquisition et sa preuve n'étaient pas soumises à des règles bien préci-

6

ses. A ceux qui les trouveraient trop rigoureuses, nous ferons observer qu'il s'agit de la plus importante des fonctions et qu'il y aurait un grave danger à laisser, par indulgence ou par faiblesse, un pouvoir aussi redoutable aux mains de personnes indignes de l'exercer. On vous citera des exemples où les dispositions que nous vous proposons d'adopter atteindront des électeurs fort estimables et dont le vote serait très-éclairé. Il faut regarder aux effets principaux et non aux hypothèses spéciales. *Les lois électorales, comme toutes les lois, ne peuvent procéder que par des règles générales, et il n'est pas de règle dont l'application ne soit injuste dans quelques cas particuliers.*

Dans le projet de l'ancien gouvernement se trouve une disposition qui crée le registre électoral, à l'exemple du registre civique institué en 1806. Nous vous proposons d'adopter cette innovation et de charger le sous-préfet et le procureur de la République de veiller à ce que le registre électoral soit régulièrement tenu. Ils pourront demander l'inscription des électeurs omis et la radiation de ceux qui auraient été indûment inscrits. Le registre sera la matrice des listes électorales ; il constatera tous les faits qui intéressent la capacité des électeurs et, en le consultant, on pourra suivre les modifications de leur état politique, ce qui aujourd'hui est malaisé, car les listes électorales disparaissent, aucune disposition n'obligeant les maires à les observer. Grâce aux attributions que nous vous proposons de donner aux sous-préfets et aux procureurs de la République, nous avons la confiance que cette création ne sera pas réduite, comme le registre civique de 1806, à n'être qu'une institution sur le papier.

Pour l'honneur de l'électorat, nous avons privé de la qualité d'électeurs ceux qui ont subi certaines condamnations. L'énumération que contenaient les lois antérieures a été étendue, et nous avons mis au nombre des incapacités perpétuelles plusieurs des cas où le projet de l'ancien gouvernement ne proposait d'édicter qu'une incapacité temporaire de cinq ans. Cette extension n'a pas été faite arbitrairement, et nous avons pris pour règle d'exclure du corps électoral les condamnés dont l'honneur a été flétri, et ceux dont la condamnation est fondée sur un acte de révolte contre l'autorité et les lois protectrices de l'ordre public. L'incapacité soit perpétuelle, soit temporaire, pourra être effacée par la réhabilitation, conformément à l'art 634 du Code d'instruction criminelle.

L'âge de vingt-cinq ans, la résidence habituelle de trois années pour acquérir le domicile électoral, l'avantage donné à l'inscription au rôle de la contribution personnelle sur les autres moyens de preuve, la restriction des moyens de preuve dans les villes de 2,000 habitants et au-dessus, le registre électoral l'extension des cas d'indignité, tels sont les moyens qui ont paru à la majorité de la commission, *propres à épurer le suffrage universel et à rendre ses manifestations sincères.* Quelques membres voulaient ajouter à ces garanties l'obligation du vote sous peine d'amende, et même d'emprisonnement en cas de récidive; ils avaient la confiance que les indifférents, si on les forçait à se prononcer, seraient acquis à la cause des opinions modérées. Le vote étant une fonction, et la fonction impliquant le devoir de la remplir, nous aurions pu, sans violer aucun principe, mettre une sanction à son accomplissement. Nous avons été arrêtés par les difficultés pratiques. Comment déterminer les causes d'excuse?

Si on ne les énumère pas, il faudra laisser aux juges le soin de les apprécier, et alors la matière qui demande le plus de précision dans la loi sera exposée à l'arbitraire. Par un renversement qu'explique l'intérêt politique, le juge se montrerait indulgent pour ses adversaires et sévère pour ses amis. Quelque grandes qu'elles soient, ces difficultés cependant ne nous auraient pas paru insurmontables, et la majorité aurait probablement voté l'obligation si les effets qu'on attend de la mesure lui eussent paru certains. Mais de récents exemples ont prouvé dans les réélections après annulation que les indifférents ne se rangent pas toujours du côté des modérés. Les candidats des partis extrêmes ont, la seconde fois, obtenu plus de voix que la première, tandis que les chiffres des voix de leur concurrent demeurait stationnaire. C'est du côté des opinions violentes que vient la terreur; or, il est à craindre que, si on les force à sortir de leur abstention, les défaillants ne se portent, par faiblesse ou au moins timidité, vers ceux qui se font redouter.

La commission s'est ensuite occupée des éligibles. Elle a repoussé toutes les propositions qui tendaient à établir un cens d'éligibilité. A ses yeux, le cens ne serait efficace que si on l'exigeait des électeurs. Après l'avoir repoussé au titre de l'électorat, nous ne pouvions pas l'admettre à l'égard des éligibles, sans nous exposer au reproche d'inconséquence. N'aurions-nous pas, en effet, proposé des restrictions inutiles après avoir rejeté celles qui auraient été douées de quelque efficacité?

L'élévation de l'âge des électeurs à 25 ans devait avoir pour conséquence la fixation à 30 ans de l'âge des éligibles. Nous avons seulement fait une exception en faveur des candidats, âgés de moins de trente ans, qui auraient déjà fait partie d'une Assemblée.

La majorité de la commission a pensé que si les électeurs étaient soumis à des conditions de domicile, les éligibles n'en devaient pas être dispensés.

Les députés, a-t-on objecté, représentant la France et non leurs arrondissements, c'est par des raisons d'intérêt général qu'ils doivent se décider et, en cas de conflit, leur devoir est de sacrifier les considérations locales au bien public. Pourquoi donc limiter les circonscriptions où ils pourront être élus? Ne vaudrait-il pas mieux laisser aux électeurs, pour choisir, une liberté entière? Les auteurs de l'amendement ont répondu que sans doute les députés, une fois élus et réunis pour délibérer, devaient se considérer comme les représentants de la France entière, non comme les mandataires de leurs circonscriptions. Est-ce une raison pour nier qu'au moment de l'élection, *il faut qu'entre l'électeur et le candidat il existe des* relations *sans lesquelles le vote serait fait au hasard?* S'il n'y a pas de lien entre l'éligible et le département où il se présente, *comment sera-t-il* connu *des électeurs? S'il n'y a jamais résidé ou rien possédé, ses opinions pourront être connues par le bruit qu'auront fait ses* discours, *mais sa* personne *ne le sera pus.* On votera pour sa doctrine, mais, en le choisissant, on n'élira pas l'homme pour son caractère. Nous nous sommes efforcés de comprendre, dans le texte du projet de loi, toutes les circonstances qui créent un rapport sérieux entre l'éligible et la circonscription électorale, afin que tout candidat puisse se présenter dans les départements où il est connu à un titre quelconque. Si, contrairement à notre intention, nous avions oublié quelques cas, cette énumération pourrait être complétée dans le cours de la discussion. Ce que nous avons voulu écarter, c'est la candidature factice. Les mêmes raisons nous ont décidés à exclure l'électeur nomade, qui toujours est prêt à favoriser de son suffrage la politique révolutionnaire, et le candidat errant, dont la présence dans un pays avec lequel il n'a aucune attache, n'a, la plupart des fois, d'autre objet que de faire une manifestation bruyante.

La majorité de la commission a aussi, et par des raisons identiques, été d'avis de suspendre l'éligibilité à l'égard des militaires liés au service de l'armée active de terre et de mer.

Les candidatures militaires sont un danger pour la discipline. Elles portent l'attention des troupes sur les opinions de l'officier qui les commande. Est-il nommé, son succès soulève les désirs ambitieux de ceux qui l'approchent. S'il échoue, son autorité est affaiblie et les mécontents se serrent autour de lui, espérant tirer plus tard des faveurs de l'homme qu'ils entourent dans les mauvais jours. L'échec lui crée un parti qui travaille ardemment à préparer son élévation. C'est par ces liaisons qu'ont commencé, au delà des Pyrénées, tous les généraux fameux qui ont donné le signal des révoltes à main armée contre le gouvernement de leur pays. L'inégibilité ne s'étend ni aux militaires en retraite ou réformés, ni aux officiers généraux placés dans le cadre de réserve, ni aux soldats, sous-officiers et officiers de l'armée territoriale.

Nous avons reproduit la disposition par laquelle les lois antérieures, et notamment la Constitution de 1848, interdisaient aux candidats d'accepter un mandat impératif. *Prendre d'avance l'engagement d'émettre des votes déterminés, c'est aliéner sa liberté et fermer sa conviction à l'influence des discussions; c'est agir contrairement à l'essence du régime représentatif, qui n'admet pas que les mandataires se décident sans délibération.* Aussi, ces engagements sont-ils depuis longtemps condamnés par nos lois. Ce n'est pas une interdiction purement morale et dépourvue de sanction; car la Chambre annulerait l'élection en cas d'infraction grave. C'est ce qui arriverait si le candidat avait signé un programme imposé, et surtout si les commettants avaient obtenu du candidat la promesse qu'il donnerait sa démission de député, à leur première réquisition. Nous n'avons pas écrit la nullité dans le texte; mais on ne doit pas induire de notre silence que nous avons reproduit une disposition illusoire et qui pourrait impunément être violée. *Notre intention a été de laisser à la Chambre qui vérifiera les pouvoirs le soin d'apprécier si la gravité de l'infraction mérite l'annulation.*

J'arrête là ces explications; elles suffisent pour rendre compte des dispositions principales de notre projet. Les autres articles étant empruntés à des lois antérieures, il est inutile de répéter, en ce qui les concerne, des développements qui ont été donnés bien des fois, soit dans les exposés des motifs des gouvernements, soit dans les rapports des commissions. Il me reste cependant à dire quelques mots des dispositions spéciales qui terminent notre projet.

La distinction que nous avons faite entre les électeurs nés dans la commune et les électeurs nés hors de la commune ne pourrait pas être appliquée aux Alsaciens-Lorrains qui ont opté pour la nationalité française et fixé leur domicile en France. Pour la plupart, la commune où ils sont nés est aujourd'hui un territoire allemand. Une disposition bienveillante, qu'il suffit de lire pour la comprendre, leur donne cinq années pendant lesquelles ils ne seront tenus qu'à justifier d'une résidence de six mois ; ils ne seront soumis à la condition des trois années, pour l'acquisition du domicile électoral, qu'après l'expiration de cette période.

Une autre disposition spéciale porte que la loi n'est pas applicable à l'Algérie et aux colonies. Les arrondissements de l'Algérie diffèrent des arrondissements du continent, et même ceux qui mettent le plus d'ardeur à défendre la représentation de l'Algérie ne demandent pas qu'on lui attribue un député par arrondissement; ils se bornent à deux par département, mais ils concluent à leur nomination au scrutin de liste, ce qui déjà serait une exception à notre loi. D'une autre part, la juxtaposition, sur le même territoire, de populations d'origines diverses, fait que les conditions de l'électorat doivent être l'objet de règles spéciales. Quant aux colonies, elles ressemblent moins que l'Algérie à la métropole. Aussi s'est-on demandé, en ce qui les concerne, s'il fallait les admettre à envoyer des représentants à la Chambre des députés. Ces questions seront l'objet d'une loi spéciale ; elles sont réservés par notre dernier article. La commission, d'ailleurs, entend qu'elles ne soient pas renvoyées à une époque éloignée et, pour bien marquer sa volonté, elle a immédiatement nommé une sous-commission qui sera chargée de préparer le projet de loi auquel renvoie l'article 94.

Enfin nous ferons remarquer que la commission a pensé qu'elle devait renvoyer à la loi sur l'organisation des pouvoirs publics l'examen des questions que peuvent soulever la durée du mandat législatif, l'indemnité des députés, leur inviolabilité.

IV

Nous n'ignorons pas que notre projet ne donnera satisfaction ni à ceux qui n'admettent aucune restriction au suffrage, ni à ceux qui croyaient le moment propice pour modifier profondément une institution qu'un coup de révolution avait introduite dans nos lois. Les premiers, s'ils veulent y penser sans parti pris, comprendront que ces écarts mettent le suffrage universel en péril, et que le meilleur moyen d'en assurer le maintien, c'est de faire en sorte qu'il soit raisonnable. Nous ferons remarquer aux seconds que, dans les pays où la loi exige encore des conditions de cens, il se manifeste une tendance à réduire chaque jour davantage la somme exigée pour l'électorat. Est-il possible, lorsque partout le législateur descend cette pente, de la remonter au rebours de ce qui se fait ailleurs? Pourrions-nous, en tout cas, dépasser le niveau où nos voisins se sont arrêtés, et, par exemple, exiger plus que le cens électoral de 40 fr. adopté par les lois de Belgique et d'Italie? D'un autre côté, si on ne va pas au delà, l'esprit des élections sera-t-il modifié? Les petits censitaires ont, pour la conduite de leurs affaires, un remarquable esprit d'ordre et de suite. Mais c'est dans cette catégorie d'électeurs que sévit, avec le plus d'intensité, la jalousie des positions supérieures. Si on leur donnait une influence prépondérante, il serait à craindre que leurs actes n'eussent pas le caractère de haute impartialité qui est la première qualité de la loi.

Le suffrage universel est changeant, et c'est là son grand défaut; mais lorsqu'il voit clair dans les situations, il obéit à l'instinct conservateur avec une force irrésistible. La commission a craint que l'esprit des petits censitaires ne fût ni assez large ni assez sûr pour qu'il y eût un avantage certain à le substituer au suffrage universel.

Si les précautions que nous vous proposons de prendre étaient inefficaces, si le suffrage universel s'abandonnait à de regrettables écarts, le pouvoir exécutif trouverait un contre-poids dans la deuxième Chambre, qui sera composée d'éléments modérateurs.

La majorité aurait désiré que, par l'analogie de leur composition, les deux Chambres fussent maintenues à une température à peu près égale au lieu de donner à une des deux Assemblées la mission spéciale de modérer les ardeurs de l'autre; elle aurait mieux aimé instituer deux Chambres, toutes deux bien équilibrées et pondérées. Le problème a été retourné dans tous les sens; mais aucune des solutions n'a obtenu la majorité. Est-il insoluble ou faut-il accuser l'insuffisance de nos lumières? L'Assemblée en jugera. Si, dans le cours de la discussion, d'autres systèmes vous étaient soumis, la commission vous demanderait de lui renvoyer ces amendements.

La commission des lois constitutionnelles a travaillé les portes ouvertes, et le public a pu, jour par jour, suivre la marche de ses délibérations. Cette publicité prématurée a eu des inconvénients que nous avions prévus. Ils ont été compensés par quelques avantages, car le public, associé à nos discussions, nous a, soit directement dans notre correspondance, soit indirectement par la presse, envoyé plus d'une observation utile et communiqué plus d'une idée dont nous avons fait notre profit. Les collègues qui nous avaient élus ont pu, grâce à cette publicité, nous faire connaître leurs impressions. Plus d'une fois ces communications nous ont fait revenir sur nos pas ou nous ont décidés à modifier les dispositions que nous avions adoptées. Nous avons aussi à l'avance, non-seulement par les journaux français mais aussi par ceux de l'étranger, pu connaître les attaques qui attendent notre projet. Oui, Messieurs, par des journaux étrangers qui, loin de nos discordes, dissertent tranquillement sous la protection des lois moins larges que notre projet; nous avons su qu'on nous reprochait d'avoir fait une œuvre rétrograde et préparé, en proposant une nouvelle loi du 31 mai, des armes qui serviront aux coups de force contre l'autorité de cette Assemblée. Singulier langage! quiconque est modéré et sensé encourt le reproche d'être rétrograde, et bien des personnes qui s'offenseraient de n'être pas comptées dans le parti conservateur crient à la réaction dès qu'on propose de débarrasser le corps électoral des éléments qui le compromettent. Ces confusions ne troubleront pas vos esprits.

Est-il à craindre qu'en épurant le corps électoral nous fournissions, sinon des motifs, au moins des prétextes à un coup d'Etat! Des différences essentielles distinguent notre projet de la loi du 31 mai 1850. La plus importante tient à ce que nous ne sommes liés par aucun texte de Constitution et que nous ne pouvons encourir le reproche, qui fut si vivement adressé à la loi du 31 mai, de violer une loi supérieure. Est-il vrai, d'ailleurs, que le *rétablissement du suffrage universel* ait, comme on l'a dit, contribué au coup d'Etat de 1851? *Ce ne sont pas les caresses aux partis extrêmes qui font le succès de ces entreprises.* Elles n'ont jamais réussi que dans les pays lassés par l'agitation révolutionnaire, et elles ont toujours rencontré pour premiers adversaires les hommes auxquels s'adressaient les concessions. *En 1851, ceux qui s'armèrent et moururent pour la défense de la Constitution détestaient la loi du 31 mai qu'abrogeaient les proclamations du 2 décembre.* Le besoin d'ordre et de sécurité fonde les gouvernements à l'origine des sociétés; la même nécessité (et pas d'autre cause) fait concevoir et quelquefois aboutir les entreprises contre la légalité dans les pays travaillés par les convulsions politiques.

Dans cette Assemblée et au dehors, des voix s'élèveront pour dénoncer toutes les restrictions au suffrage universel, qu'elles soient de grande ou de petite importance, comme des atteintes à la souveraineté nationale. Ne perdez pas de vue qu'au-dessus des pouvoirs humains, de quelque nom qu'on les appelle, au-dessus des peuples, des princes, des dictateurs, règnent les lois nécessaires de l'ordre social, lois que tout gouvernement est tenu de faire respecter, que nul ne peut impunément méconnaître. En votant les mesures qui vous paraîtront le mieux assurer la justice, la tranquillité matérielle, la sécurite de l'avenir et la paix des esprits, vous donnerez au pays les biens qu'il vous demande par tous les cris de l'opinion publique et vous serez les organes du vrai souverain.

TEXTE DU PROJET DE LOI ÉLECTORALE.

TITRE Ier. — *Des électeurs.*

Article 1er. Sont électeurs, pour la nomination des députés, tous les Français âgés de 25 ans accomplis et jouissant de leurs droits civils et politiques.

Art. 2. La qualité d'électeur sera constatée par une inscription sur un registre électoral tenu dans chaque commune. Ce registre indiquera les nom, prénoms, âge, profession et domicile de chaque électeur ; il mentionnera les moyens de preuve de la résidence en vertu desquels l'électeur a été inscrit.

Les listes électorales seront, aux époques fixées par l'article 30 ci-dessous, dressées, d'après ce registre, en trois exemplaires. L'un de ces exemplaires restera à la commune, le second sera envoyé à la sous-préfecture, et le troisième au greffe du tribunal de première instance. Le sous-préfet et le procureur de la République veilleront à la tenue exacte du registre électoral ; ils pourront demander l'inscription des électeurs omis ou la radiation de ceux qui auraient été indûment inscrits, et provoquer l'annulation, par le conseil de préfecture, des opérations qui auraient été irrégulièrement faites.

Art. 3. Le registre électoral est permanent ; il est l'objet d'une révision annuelle.

La première redaction et la révision annuelle de ce registre seront faites par les soins d'une commission spéciale, composée : dans les communes ayant plus de 500 habitants, du maire, de deux conseillers municipaux désignés par le conseil municipal, et de deux électeurs nommés par le sous-préfet; dans les communes au-dessous de 500 habitants, du maire, d'un conseiller municipal désigné par le conseil, et d'un électeur nommé par le sous-préfet.

Dans les communes comprenant plusieurs arrondissements ou cantons, il y aura autant de commissions que d'arrondissements ou de cantons.

A Paris, il y aura, pour chaque quartier, une commission composée du maire de l'arrondissement, du conseiller municipal du quartier et de trois électeurs domiciliés dans l'arrondissement et désignés par le préfet de la Seine.

ART. 4. Seront portés sur le registre électoral de la commune où ils ont fixé leur résidence habituelle :

1° Les électeurs nés dans la commune, s'ils y résident depuis six mois ;

2° Les électeurs qui ne sont pas nés dans la commune, s'ils y résident depuis trois ans ;

3° *Les fonctionnaires en activité, les anciens fonctionnaires jouissant d'une pension de retraite payable dans le ressort de perception de la commune et les ministres des cultes reconnus par la loi, quel que soit le temps de leur résidence.*

ART. 5. Seront inscrits *d'office* par la commission :

1° *Les électeurs portés au rôle de la contribution personnelle ou au rôle de la prestation en nature, pour leur personne, pendant l'année, s'ils sont nés dans la commune, et pendant trois années consécutives s'ils sont nés hors de la commune;*

2° Les fonctionnaires en exercice, les anciens fonctionnaires jouissant d'une pension de retraite payable dans le ressort de perception de la commune, et les ministres des différents cultes reconnus par la loi.

Dans les villes où la contribution personnelle mobilière est, en totalité ou en partie, payée par la caisse municipale, l'état des imposables à la taxe personnelle, dressé par les commissaires répartiteurs, assistés du contrôleur des contributions directes, et qui sert à déterminer le contingent de la commune, sera soumis chaque année au conseil municipal. — L'inscription sur l'état des imposables équivaudra à l'inscription au rôle de la taxe personnelle. Cet état sera fait dans les trois mois à partir de la présente loi.

Pendant trois années à partir de la promulgation de la présente loi, seront inscrits d'office sur le registre électoral de ces communes, les électeurs nés hors de la commune qui, figurant sur les listes closes les 31 mars 1872 et 1873, seront portés dans l'état de l'année.

Art. 6. Seront inscrits sur leur demande ou sur la demande du sous-préfet ou du procureur de la République, les électeurs qui ne remplissent pas les conditions prévues par l'article précédent, à la charge par le requérant de prouver la résidence de la manière suivante :

Si la commune a moins de deux mille habitants, la preuve sera faite par écrit ou par témoins, et la commission municipale appréciera les actes ou les témoignages suivant les règles du droit commun.

Si la commune a plus de deux mille habitants, la preuve ne pourra être faite que par les moyens suivants : 1° par un bail enregistré ou par une déclaration de bail verbal à l'enregistrement, remontant, suivant les cas, à plus de six mois ou de trois ans ; 2° par la déclaration des père, mère, beau-père, belle-mère et autres ascendants, à l'égard des fils, petits-fils, gendres et petits-gendres habitant avec eux ; des fils, petits-fils et gendres, à l'égard des père, beau-père et autres ascendants habitant avec eux ; des patrons à l'égard de l'ouvrier logé dans leur maison ; des maîtres à l'égard des domestiques attachés à leur personne ou à une exploitation ; des personnes portées au rôle des patentes, à l'égard des employés qu'elles logent dans leur maisons ; 3° par un acte de notoriété délivré par le maire de la commune ou par le juge de paix du canton sur l'attestation de trois électeurs inscrits d'office, jointe au certificat des propriétaires ou de leurs représentants ou locataires principaux chez lesquels l'électeur a résidé pendant le temps fixé à l'article 4 ci-dessus. — L'attestation de trois électeurs inscrits d'office suffira à l'égard de ceux qui habitent leur propre maison.

Art. 7. Ceux qui, dans les cas prévus par le § 3 de l'article 6, auront fait une fausse déclaration ou de fausses attestations, seront punis d'une amende de 100 fr. à 2,000 fr., et de un mois à un an de prison, sauf application de l'article 463 du Code pénal. La condamnation entraînera nécessairement la privation des droits électoraux.

Art. 8. Les militaires en activité seront considérés comme continuant à résider, pendant le temps qu'ils passent sous les drapeaux, dans la commune où ils ont tiré au sort.

Art. 9. Sont privés de la qualité d'électeur et ne peuvent être inscrits sur aucun registre électoral ;

1° Les individus qui ont été condamnés soit à des peines afflictives et infamantes, soit à des peines infamantes seulement ;

2° Ceux qui ont été condamnés à des peines correctionnelles, pour faits qualifiés crimes par la loi ;

3° Ceux qui ont été condamnés pour vol, escroquerie, abus de con- confiance, abus de blanc-seing, soustractions commises comme dépositaires de deniers publics :

4° Ceux qui ont été condamnés pour attentat aux mœurs, par application des articles *330* et 334 du Code pénal ;

5° Ceux qui ont été condamnés à l'emprisonnement pour délit d'usure, d'adultère et de vagabondage ou mendicité, dans les cas prévus par les art. 276, 278 et 279 du Code pénal ;

6° Ceux qui ont été condamnés par application des articles 153, 159, 171, 174, 251, 305, 306, 307, 343, 362, 400, § 2, 414, 416, 436, 439, 443, *444*, 445, 446, 447, et 452 du Code pénal ;

7° Ceux qui ont été condamnés à l'emprisonnement, en vertu des articles 410 et 411 du Code pénal :

8° Ceux qui ont été condamnés pour outrages à la morale publique et religieuse ou aux bonnes mœurs, pour excitation à la guerre civile, pour attaque aux principes de la propriété et de la famille commis par un des moyens énoncés dans les articles 1er et 8 de la loi du 17 mai 1819 ;

9° Ceux qui ont été condamnés par application de l'article 423 du Code pénal, de l'article 1er de la loi du 27 mars 1851, et de l'article 1er de la loi du 5 mai 1855, sur les boissons ; les articles 15 et 45 de la loi du 24 juillet 1867 sur les sociétés ; des articles 60, 63, 65 et 66 de la loi du 27 juillet 1872 sur le recrutement de l'armée ; des articles 71 et suivants de la présente loi ;

10° Les militaires qui ont été condamnés aux travaux publics et les officiers ministériels dont la destitution a été prononcée par le jugement d'un conseil de guerre.

11° Les notaires, greffiers et officiers ministériels destitués en vertu de jugements et de décisions judiciaires ;

12° Les faillis non réhabilités dont la faillite aura été déclarée soit par les tribunaux français, soit par jugements des tribunaux étrangers exécutoires en France ;

13° Les individus placés sous la surveillance de la haute police et ceux à qui les tribunaux correctionnels ont interdit le droit de vote et d'élection par application des lois autorisant cette interdiction, dans les cas où elle ne résulte pas de plein droit des dispositions contenues aux paragraphes précédents.

Art. 10. Sont privés de la qualité d'électeur pour cinq ans à partir de l'expiration de leur peine :

1° Ceux qui ont été condamnés pour excitation à la haine des citoyens les uns contre les autres commise par un des moyens énoncés dans les articles 1 et 8 de la loi du 17 mai 1819;

2° Ceux qui ont été condamnés à l'amende pour délit d'usure et d'adultère.

3° Ceux qui ont été condamnés à l'amende pour avoir tenu des maisons de jeu ou organisé des loteries non autorisées;

4° Ceux qui ont été condamnés pour rébellion, outrages et violences envers les magistrats ou les dépositaires de l'autorité et de la force publique; pour des outrages publics envers un juge à raison de ses fonctions, ou envers un témoin à raison de sa déposition; pour délits prévus par la loi du 7 juin 1848, sur les attroupements ; par l'article 13 du décret du 28 juillet 1848 sur les clubs, par les articles 261 et 262 du Code pénal ou pour infraction à la loi du 27 juillet 1849 sur le colportage;

5° Ceux qui ont été condamnés en vertu de la loi sur l'ivresse.

Art. 11. En cas de récidive, la condamnation prononcée dans les cas prévus par l'article précédent entraînera l'incapacité perpétuelle.

Art. 12. La capacité électorale est suspendue à l'égard des interdits, des individus qui sont pourvus d'un conseil judiciaire, des contumaces et des personnes qui ont été admises gratuitement et à titre permanent dans les hospices, hôpitaux et autres établissements publics de bienfaisance. — Les personnes appartenant à ces différentes catégories continueront à être portées sur le registre électoral; mais une mention faite en marge de leurs noms indiquera la cause qui suspend leur capacité et cette suspension durera jusqu'à ce que la mention soit radiée.

Art. 13. Les militaires et assimilés de tous grades et toutes armes, des armées de terre et de mer, en activité de service, ne prennent part à aucun vote quand ils sont présents à leurs corps, à leur poste ou dans l'exercice de leurs fonctions. Ceux qui, au moment de l'élection, se trouvent en résidence libre, en non-activité ou en possession d'un congé régulier, peuvent voter dans la commune sur les listes de laquelle ils sont régulièrement inscrits. Cette dernière disposition s'applique également aux officiers et assimilés qui sont en disponibilité ou dans le cadre de réserve.

TITRE II. — *Révision et formation du registre.*

ART. 14. Le registre électoral devra être fait pour toutes les communes dans les trois mois qui suivront la promulgation de la présente loi. Il sera révisé au commencement de chaque année.

ART. 15. Du 1er au 15 janvier de chaque année, la commission ajoutera sur le registre :

1° Ceux qui étant nés dans la commune et y résidant depuis six mois, ont après la dernière révision atteint l'âge de 25 ans et sont portés à la contribution personnelle ou à la cote des prestations en nature dans les conditions prévues par l'article 6 ci-dessus ;

2° Ceux qui ont, depuis la dernière réunion, accompli la période de trois années exigée par l'article 6 pour acquérir le droit électoral dans une commune autre que celle où l'électeur est né ;

3° Les fonctionnaires en exercice ou en retraite et les ministres du culte qui sont venus se fixer dans la commune, dans les cas prévus par l'article 5, § 3 ;

4° Ceux qui, n'étant pas inscrits d'office, établiraient leurs droits à être inscrits par les moyens de preuves énumérées dans l'article 6;

5° Ceux qui rempliraient les conditions nécessaires pour être électeurs avant le 1er avril de l'année ;

6° Ceux qui auraient été précédemment omis par erreur.

Avis de l'inscription sera donné au maire de la commune où l'électeur était précédemment inscrit.

ART. 16. La commission retranchera :

1° Les individus décédés ;

2° Ceux qui ont perdu les qualités requises ;

3° Ceux qu'elle reconnaîtra avoir été indûment inscrits, quoique leur inscription n'ait pas été attaquée ;

4° Ceux dont la radiation a été ordonnée par l'autorité compétente ; ceux qui sont inscrits sur le registre électoral d'une autre commune ;

5° Ceux qui ont cessé depuis cinq ans de résider habituellement dans la commune et n'y ont pas exercé leurs droits électoraux pendant le même délai, sauf l'exception prévue, dans l'article 8, à l'égard des militaires sous les drapeaux;

La commission tiendra un registre de toutes ses décisions et elle y mentionnera les motifs et les pièces à l'appui.

ART. 17. Le tableau contenant les additions et les retranchements faits par la commission au registre électoral sera déposé au plus tard dans les vingt jours au secrétariat de la commune pour y être communiqué à tout requérant.

Il pourra être copié et reproduit par la voie de l'impression. — Le jour même du dépôt du tableau de révision, avis de ce dépôt sera donné par affiches apposées aux lieux accoutumés.

ART. 18. Une copie de ce tableau et du procès-verbal constatant l'accomplissement des formalités prescrites par les deux articles précédents, sera transmise, en même temps, au sous-préfet de l'arrondissement qui l'adressera au préfet avec ses observations, et au juge de paix qui le transmettra au procureur de la République.

ART. 19. Si le préfet estime que les formalités et les délais prescrits par la loi n'ont pas été observés, il devra, dans les dix jours de l'envoi par le maire, déférer les opérations de la commission au conseil de préfecture, qui statuera dans les trois jours et fixera, s'il y a lieu, le délai dans lequel les opérations annulées seront refaites.

ART. 20. Tout citoyen omis sur le registre pourra, dans le mois à compter de l'apposition des affiches, présenter sa réclamation à la mairie. — Dans le même délai, le procureur de la République et le sous-préfet pourront réclamer l'inscription d'un citoyen omis. — A toute époque de l'année, la radiation d'un individu indûment inscrit pourra être réclamée par le sous-préfet, par le procureur de la République et par tout autre électeur inscrit. — Il sera ouvert, dans chaque commune, un registre sur lequel les réclamations seront inscrites par ordre de date. Le maire devra donner récépissé de chaque réclamation.

ART. 21. L'électeur dont l'inscription aura été contestée ou la radiation demandée en sera averti sans frais par le maire et pourra présenter ses observations.

ART. 22. Les réclamations seront jugées dans les dix jours par la commission chargée de la révision annuelle.

ART. 23. Notification de la décision sera, dans les trois jours, faite aux parties intéressées par le ministère d'un agent assermenté. — Elles pourront appeler dans les cinq jours de la notification.

Art. 24. L'appel sera porté devant le tribunal civil. — Il sera formé par simple déclaration au greffe de ce tribunal ou au greffe de la justice de paix du canton. En ce cas, le greffier du juge de paix sera tenu de la transmettre dans les vingt-quatre heures au greffe du tribunal.

Art. 25. Lorsque la demande en radiation sera formée plus d'un mois après l'apposition des affiches dont il est parlé à l'article 17, elle sera portée directement devant le tribunal civil.

Art. 26. Le tribunal statuera dans les dix jours sans frais ni forme de procédure, et sur simple avertissement donné cinq jours à l'avance à toutes les parties intéressées. Le ministère public sera entendu en ses conclusions.

Art. 27. La décision du tribunal sera en dernier ressort, mais elle pourra être déférée à la cour de cassation.

Art. 28. Le pourvoi ne sera recevable que s'il est formé dans les dix jours de la notification de la décision. Il ne sera pas suspensif. Il sera formé par déclaration au greffe du tribunal, dispensé de l'intermédiaire d'un avocat à la cour et jugé d'urgence sans frais ni consignation d'amende. — Les pièces et mémoires fournis par les parties sont transmis sans frais par le greffier de la justice de paix au greffier de la cour de cassation. — L'affaire sera portée directement à la chambre civile de la cour de cassation.

Art. 29. Tous les actes judiciaires des matières électorales seront dispensés du timbre et enregistrés gratis.

Les extraits des actes nécessaires pour établir l'âge des électeurs et leurs certificats seront délivrés gratuitement sur papier libre à tous réclamants.

Ils porteront en tête de leur texte l'énonciation de leur destination spéciale et ne seront admis pour aucune autre.

Le procureur de la République donnera immédiatement avis au maire des jugements définitifs et veillera à leur exécution.

Art. 30. Dans les trois mois qui suivront la promulgation de la présente loi, pour la première confection du registre électoral, et, pour sa révision annuelle, le 31 mars de chaque année, le maire opère toutes les rectification régulièrement ordonnées, transmet au procureur de la République le tableau des rectifications ainsi effectuées, et arrête définitivement le registre électoral de la commune.

Les listes électorales sont ensuite relevées sur le registre et dressées en trois exemplaires, conformément à l'article 2 ci-dessus.

ART. 31. Le registre électoral restera jusqu'au 31 mars de l'année suivante tel qu'il a été arrêté, sauf néanmoins les changements qui seraient ordonnés ultérieurement par décision du tribunal, et sauf aussi la radiation des noms des électeurs décédés ou privés des droits civils et politiques par jugement définitif.

TITRE III. — *Des éligibles.*

ART. 32. Tout électeur est éligible, sans condition de cens, à l'âge de trente ans accomplis. Les membres des anciennes Chambres ou Assemblées pourront être élus alors même qu'au jour de l'élection, ils auraient moins de trente ans.

ART. 33. Les militaires en retraite ou en réforme, les officiers généraux placés dans le cadre de réserve, les soldats, sous-officiers et officiers de l'armée territoriale seront éligibles aux conditions fixées par la présente loi. — L'éligibilité est suspendue à l'égard des militaires ou assimilés de tous grades qui sont liés au service de l'armée active de terre ou de mer. Les bulletins portant le nom d'un militaire inéligible seront déclarés nuls et ne compteront pas dans le dépouillement. Ils seront joints au procès-verbal.

ART. 34. L'exercice des fonctions publiques rétribuées sur les fonds de l'Etat est incompatible avec le mandat de député. En conséquence, tout fonctionnaire élu député sera remplacé dans ses fonctions si, après la vérification des pouvoirs, il a accepté le mandat de député.

Le fonctionnaire conserve les droits qu'il a acquis à une pension de retraite et peut, après l'expiration de son mandat, être remis en activité.

Dans les fonctions où le grade est distinct de l'emploi, le fonctionnaire par l'acceptation du mandat de député renoncera à l'emploi et ne conservera que son grade.

Les députés ne peuvent, pendant la durée de leur mandat, ni dans les six mois qui suivent leur démission, être appelés à une fonction publique rétribuée, ni recevoir aucun avancement.

Sont exceptées des dispositions qui précèdent les fonctions de ministre, sous-secrétaire d'Etat, ambassadeur, ministre plénipotentiaire, préfet de la Seine, préfet de police, procureur général à la cour de cassation, procureur général à la cour des comptes et procureur général à la cour d'appel de Paris.

Art. 35. Sont également exceptés des dispositions de l'article 34 : 1° les professeurs titulaires de chaires qui sont données au concours ou sur la présentation des corps où la vacance s'est produite ; 2° les personnes qui ont été chargées d'une mission temporaire. — Toute mission qui a duré plus de six mois cesse d'être temporaire et est régie par l'article 34 ci-dessus.

Art. 36. Ne peuvent être élus par l'arrondissement compris en tout ou en partie dans leur ressort, pendant l'exercice de leurs fonctions et pendant les six mois qui suivent la cessation de leurs fonctions par démission, destitution, changement de résidence ou de toute autre manière :

1° Les premiers présidents, les présidents, les membres des parquets des cours d'appel;

2° Les présidents, les vice-présidents, les juges d'instruction et les membres des parquets des tribunaux de première instance;

3° Le préfet de police, les préfets et sous-préfets et les secrétaires généraux des préfectures;

4° Les ingénieurs en chef d'arrondissement;

5° Les recteurs et inspecteurs d'académie;

6° Les inspecteurs des écoles primaires;

7° Les archevêques, évêques et vicaires généraux;

8° Les officiers généraux commandant les divisions et les subdivisions militaires;

9° Les intendants divisionnaires et les sous-intendants militaires;

10° Les préfets maritimes;

11° Les trésoriers payeurs généraux et les receveurs particuliers des finances;

12° Les directeurs des contributions directes et indirectes de l'enregistrement et des domaines;

13° Les conservateurs et inspecteurs des forêts.

Art. 37. Le député élu par plusieurs circonscriptions sera tenu de faire connaître son opinion dans le mois qui suivra la déclaration de validité des électeurs entre lesquelles il doit opter. A défaut d'option dans ce délai, il sera décidé par la voie du sort à quel département ou arrondissement il appartiendra;

Art. 38. Il est interdit aux députés d'accepter un mandat impératif.

Art. 39. Tout député qui, pendant la durée de son mandat, aurait été frappé d'une condamnation emportant privation du droit électoral sera déchu de ses fonctions législatives. — La déchéance sera prononcée par la Chambre sur le vu des pièces justificatives.

Titre IV. — *De l'élection.*

Art. 40. Les membres de la Chambre des députés sont élus au scrutin individuel. Chaque arrondissement administratif nommera un député. Les arrondissements dont la population dépasse 100,000 habitants nommeront un député de plus par 100,000 ou fraction de 100,000 habitants. Les arrondissements, dans ces cas, seront divisés en circonscriptions dont l'état annexé à la présente loi ne pourra être modifié que par une loi spéciale.

Art. 41. Ceux qui sont éligibles, aux termes de l'article 32 ci-dessus, ne peuvent être élus que dans les circonscriptions électorales des départements :

1° Où ils ont soit leur domicile électoral, soit leur domicile civil;

2° Où leurs parents étaient domiciliés au moment de leur naissance;

3° Où ils ont antérieurement, pendant cinq années consécutives, été portés au rôle de la contribution personnelle ;

4° Où ils ont été élus aux Chambres ou Assemblées antérieures s'ils ont accepté le mandat; et de ceux où ils ont précédemment exercé des fonctions électives;

5° Où ils sont inscrits à l'une des quatre contributions directes.

Tout candidat sera tenu de déposer cinq jours francs avant le jour fixé pour l'élection, au secrétariat de la sous-préfecture, une déclaration où il fera connaître son âge, le nom de la commune où il est inscrit comme électeur et celle des conditions qui le rend éligible dans la circonscription.

La liste des candidats qui ont fait la déclaration sera, dans le plus bref délai, envoyée par le sous-préfet aux maires de l'arrondissement et ceux-ci la feront afficher dans les salles d'élections. — Les bulletins portant les noms de candidats qui n'ont pas fait cette déclaration, seront annulés et ne compteront pas dans le dépouillement du scrutin. — Ils seront annexés au procès-verbal.

ART. 42. L'élection des députés a lieu par le vote de tous les électeurs au chef-lieu de la commune où ils ont leur domicile électoral. Chaque commune peut, par un arrêté du préfet, être divisée en autant de sections que le rend nécessaire le nombre des électeurs inscrits ou la situation des différentes parties de la commune.

L'arrêté pourra fixer le siége de ces sections ailleurs qu'au chef-lieu de la commune.

Nul n'est élu au premier tour de scrutin s'il n'a obtenu la moitié, plus un, des suffrages exprimés et si le nombre des votants n'est égal à la moitié, plus un, des électeurs inscrits. Lorsqu'aucun des candidats n'a obtenu la majorité absolue, il est procédé à un deuxième tour de scrutin. Au deuxième tour, la majorité relative suffira.

ART. 43. Les colléges seront convoqués par décret du président de la République, vingt jours au moins avant l'élection.

ART. 44. Les colléges électoraux devront être réunis, autant que possible, un dimanche ou un jour férié.

ART. 45. Les colléges électoraux ne peuvent s'occuper que de l'élection pour laquelle ils sont réunis. Toutes discussions, toutes délibérations leur sont interdites.

ART. 46. Le président du collége ou de la section a seul la police de l'assemblée. Nulle force armée ne peut sans son autorisation être placée dans la salle des séances, ni aux abords du lieu où se tient l'assemblée. Les autorités civiles et les commandants militaires sont tenus de déférer à ses réquisitions.

ART. 47. Le bureau de chaque collége de section est composé d'un président, de quatre assesseurs et d'un secrétaire choisi par eux parmi les électeurs. Dans les délibérations du bureau, le secrétaire n'a que voix consultative.

ART. 48. Les colléges et sections sont présidés par les maires, adjoints, et conseillers municipaux de la commune ; à leur défaut, les présidents sont désignés par le maire, parmi les électeurs sachant lire et écrire. A Paris, les sections sont présidées, dans chaque arrondissement, par le maire, les adjoints ou les électeurs désignés par eux.

ART. 49. Deux assesseurs sont pris, suivant l'ordre du tableau, parmi les conseillers municipaux, sachant lire et écrire; les deux autres sont désignés par le préfet. En l'absence des conseillers municipaux et des personnes désignées par le préfet, les assesseurs sont les deux plus âgés et les deux plus jeunes électeurs, sachant lire et écrire. A Paris, les fonctions d'assesseurs sont remplies, dans chaque section, par les deux plus âgés et les deux plus jeunes électeurs sachant lire et écrire.

Trois membres du bureau, au moins, doivent être présents pendant tout le cours des opérations du collége.

Art. 50. Le bureau prononce provisoirement sur les difficultés qui s'élèvent touchant les opérations du collége ou de la section. Les décisions sont motivées. Toutes les réclamations et décisions sont inscrites au procès-verbal; les pièces ou bulletins qui s'y rapportent y sont annexés, après avoir été paraphés par le bureau.

Art. 51. Pendant toute la durée des opérations électorales, une copie officielle de la liste des électeurs contenant les noms, domicile et qualifications de chacun des inscrits, reste déposée sur la table autour de laquelle siége le bureau.

Art. 52. Tout électeur inscrit sur le registre électoral a le droit de prendre part au vote. — Ce droit est suspendu à l'égard des détenus et des personnes qui ont été placées dans un établissement public d'aliénés, conformément à la loi du 30 juin 1838.

Art. 53. Nul ne peut être admis à voter s'il n'est inscrit sur le registre électoral. Toutefois, seront admis au vote, quoique non inscrits, les citoyens porteurs d'une décision du tribunal civil ordonnant leur inscription, ou d'un arrêt de la Cour de cassation annulant un jugement qui aurait prononcé une radiation.

Art. 54. Nul électeur ne peut entrer dans le collége électoral s'il est porteur d'armes quelconques.

Art. 55. Les électeurs sont appelés successivement par ordre alphabétique. Ils apportent leur bulletin préparé en dehors de l'Assemblée. Le papier du bulletin doit être blanc et sans signes extérieurs.

Art. 56. A l'appel de son nom l'électeur remet au président son bulletin fermé. Le président le dépose dans la boîte du scrutin, laquelle doit, avant le commencement du vote, avoir été fermée à deux serrures, dont les clés restent, l'une entre les mains du président, l'autre entre celles du scrutateur le plus âgé.

Art. 57. Le vote de chaque électeur est constaté par la signature ou le paraphe de l'un des membres du bureau, apposé sur la liste en marge du nom du votant.

Art. 58. L'appel étant terminé, il est procédé au réappel de tous ceux qui n'ont pas voté.

Art. 59. Le scrutin reste ouvert pendant un seul jour, depuis huit heures du matin jusqu'à six heures du soir.

Art. 60. Après la clôture du scrutin, il est procédé au dépouillement de la manière suivante : la boîte du scrutin est ouverte et le nombre des bulletins vérifié. Si ce nombre est plus grand ou moindre que celui des votants, il en est fait mention au procès-verbal. Le bureau désigne parmi les électeurs présents, un certain nombre de scrutateurs sachant lire et écrire, lesquels se divisent par table de quatre au moins. Le président répartit entre les diverses tables les bulletins à vérifier. A chaque table, l'un des scrutateurs lit chaque bulletin à haute voix et le passe à un autre scrutateur; les noms portés sur les bulletins sont relevés sur des listes préparées à cet effet.

Art. 61. Le président et les membres du bureau surveillent l'opération du dépouillement. Néanmoins, dans les colléges ou sections où il sera présenté moins de 300 votants, le bureau pourra procéder lui-même, et sans l'intervention du scrutateur supplémentaire, au dépouillement du scrutin.

Art. 62. Les tables sur lesquelles s'opère le dépouillement du scrutin sont disposées de telle sorte que les électeurs puissent circuler alentour.

Art. 63. Les bulletins blancs, ceux ne contenant pas une désignation suffisante, ou dans lesquels les votants se font connaître, n'entrent point en compte dans le résultat du dépouillement, mais ils sont annexés au procès verbal.

Art. 64. Immédiatement après le dépouillement, le résultat du scrutin est rendu public, et les bulletins autres que ceux qui doivent être annexés au procès-verbal sont brûlés en présence des électeurs.

Art. 65. Pour les colléges divisés en plusieurs sections, le dépouillement du scrutin se fait dans chaque section. — Le résultat est immédiatement arrêté et signé par le bureau ; il est ensuite porté par le président au bureau de la première section qui, en présence des présidents des autres sections, opère le recensement général des votes et en proclame le résultat.

Art. 66. Les procès-verbaux des opérations électorales de chaque commune sont rédigés en double. — L'un de ces doubles reste déposé au secrétariat de la mairie; l'autre double est transmis au sous-préfet de l'arrondissement, qui le fait parvenir au préfet du département.

Art. 67. Le recensement général des votes pour chaque circonscription électorale, se fait au chef-lieu du département, en séance publique.

Il est opéré par une commission composée de trois membres du conseil général.

A Paris, le recensement est fait par une commission de cinq membres du conseil général, désignés par le préfet de la Seine.

Cette opération est constatée par un procès-verbal.

Art. 68. Le recensement général des votes étant terminé, le président de la commission en fait connaître le résultat.

Art. 69. Si aucun des candidats n'a obtenu la majorité absolue des suffrages, ou si le nombre des votants est inférieur à la moitié, plus un, des électeurs inscrits, l'élection est continuée au deuxième dimanche qui suit le jour de la proclamation du résultat du scrutin.

Art. 70. Aussitôt après la proclamation du résultat des opérations électorales, les procès-verbaux et les pièces y annexées, sont transmises par les soins des préfets et l'intermédiaire du ministre de l'intérieur, à la Chambre des députés.

TITRE V. — *Dispositions pénales.*

Art. 71. Toute personne qui se sera fait inscrire sur la liste électorale sous de faux noms ou de fausses qualités, ou aura, en se faisant inscrire, dissimulé une incapacité prévue par la loi, ou aura réclamé et obtenu une inscription sur deux ou plusieurs listes, sera punie d'un emprisonnement d'un mois à un an et d'une amende de 100 à 1000 fr.

Art. 72. Celui qui, déchu du droit de voter, soit par suite d'une condamnation judiciaire, soit par suite d'une faillite non suivie de réhabilitation, aura voté, soit en vertu d'une inscription sur les listes antérieures à sa déchéance, soit en vertu d'une inscription postérieure, mais opérée sans sa participation, sera puni d'un emprisonnement de quinze jours à trois mois et d'une amende de 30 à 500 fr.

Art. 73. Quiconque aura voté dans une assemblée électorale, soit en vertu d'une inscription obtenue dans les deux premiers cas prévus par l'article 72, soit en prenant faussement les noms et qualités d'un électeur inscrit, sera puni d'un emprisonnement de six mois à deux ans et d'une amende de 200 à 2,000 fr.

Art. 74. Sera puni de la même peine tout citoyen qui aura profité d'une inscription multiple pour voter plus d'une fois.

Art. 75. Quiconque étant chargé, dans un scrutin, de recevoir, compter ou dépouiller les bulletins contenant les suffrages des citoyens, aura soustrait, ajouté ou altéré des bulletins, ou lu un nom autre que celui inscrit, sera puni d'un emprisonnement d'un an à cinq ans et d'une amende de 500 à 5,000 fr.

Art. 76. La même peine sera appliquée à tout individu qui, chargé par un électeur d'écrire son suffrage, aura inscrit sur le bulletin un nom autre que celui qui lui était désigné.

Art. 77. L'entrée dans l'assemblée électorale avec armes apparentes est interdite. En cas d'infraction, le contrevenant sera passible d'une amende de 16 à 100 fr. La peine sera d'un emprisonnement de quinze jours à trois mois et d'une amende de 50 à 300 fr. si les armes étaient cachées.

Art. 78. Quiconque aura donné, promis ou reçu des deniers, effets ou valeurs quelconques, sous la condition, soit de donner ou de procurer un suffrage, soit de s'abstenir de voter, sera puni d'un emprisonnement de trois mois à deux ans et d'une amende de 50 à 300 fr. Seront punis des mêmes peines ceux qui, sous ces mêmes conditions, auront fait ou accepté l'offre ou la promesse d'emplois publics ou privés. Si le coupable est fonctionnaire public, la peine sera double.

Art. 79. Ceux qui, soit par des voies de fait, violences ou menaces contre un électeur, soit en lui faisant craindre de perdre son emploi ou d'exposer à un dommage sa personne, sa famille ou sa fortune, l'auront déterminé à s'abstenir de voter, ou auront influencé un vote, seront punis d'un emprisonnement d'un mois à un an et d'une amende de 100 à 1000 fr.; la même peine sera du double si le coupable est fonctionnaire public.

Art 80. Ceux qui, à l'aide de fausses nouvelles, bruits calomnieux au autres manœuvres frauduleuses, auront surpris ou détourné des suffrages, déterminé un ou plusieurs électeurs à s'abstenir de voter, seront punis d'un emprisonnement d'un mois à un an et d'une amende de 100 à 2,000 fr.

Art. 81. Lorsque, par attroupement, clameurs ou démonstrations menaçantes, on aura troublé les opérations d'un collége électoral, porté atteinte à l'exercice du droit électoral ou à la liberté du vote, les coupables seront punis d'un emprisonnement de trois mois à deux ans, et d'une amende de 100 à 2,000 fr.

Art. 82. Toute irruption dans un collége électoral, consommée ou tentée avec violence, en vue d'empêcher un choix, sera punie d'un emprisonnement d'un an à cinq ans, et d'une amende de 1,000 à 5,000 francs.

Art. 83. Si les coupables étaient porteurs d'armes, ou si le scrutin a été violé, la peine sera la réclusion.

Art. 84. Elle sera des travaux forcés à temps, si le crime a été commis par suite d'un plan concerté pour être exécuté soit dans toute la République, soit dans un ou plusieurs départements, soit dans un ou plusieurs arrondissements.

Art. 85. Les membres d'un collége électoral, qui pendant la réunion, se sont rendus coupables d'outrages ou de violence, soit envers le bureau, soit envers l'un de ses membres, ou qui, par voies de fait ou menaces, auront retardé ou empêché les opérations électorales, seront punis d'un emprisonnement d'un mois à un an, et d'une amende de 100 fr. à 2,000 fr. Si le scrutin a été violé, l'emprisonnement sera d'un an à cinq ans, et l'amende de 1,000 fr. à 5,000 fr.

Art. 86. L'enlèvement de l'urne contenant les suffrages émis et non encore dépouillés sera puni d'un emprisonnement d'un an à cinq ans et d'une amende de 1,000 à 5,000 fr. — Si cet enlèvement a été effectué en réunion et avec violence, la peine sera la réclusion.

Art. 87. La violation du scrutin faite, soit par les membres du bureau, soit par les agents de l'autorité préposés à la garde des bulletins non encore dépouillés, sera punie de la réclusion.

Art. 88. Ces crimes prévus par la présente loi seront jugés par la Cour d'assises, et les décrets par les tribunaux correctionnels; l'article 463 du Code pénal pourra être appliqué.

Art. 89. En cas de conviction de plusieurs crimes ou délits, prévus par la présente loi, et commis antérieurement au premier acte de poursuite, la peine la plus forte sera seule appliquée.

Art. 90. L'action publique et civile seront prescrites après trois mois, à partir du jour de la proclamation du résultat de l'élection.

Art. 91. La condamnation, s'il en est prononcé, ne pourra, en aucun cas, avoir pour effet d'annuler l'élection déclarée valide par les pouvoirs compétents.

ART. 92. Les lois antérieures sont abrogées, en ce qu'elles ont de contraire aux dispositions de la présente loi.

Dispositions spéciales.

ART. 93. Pendant cinq ans, à partir de la promulgation de la présente loi, les Français des départements d'Alsace et de Lorraine qui ont fixé leur domicile en France, seront, dans les communes où ils se sont établis, inscrits sur le registre électoral, après six mois de résidence.

ART. 94. La présente loi ne s'applique pas à l'Algérie ni aux colonies, dont la représentation sera réglée par une loi spéciale.

TABLE DES MATIÈRES.

www.ingramcontent.com/pod-product-compliance
Ingram Content Group UK Ltd.
Pitfield, Milton Keynes, MK11 3LW, UK
UKHW021212220726
13924UKWH00003B/1484